The Principle of Money

货币原本

董广宇 著

上海财经大学出版社

图书在版编目(CIP)数据

货币原本/董广宇著.—上海:上海财经大学出版社,2016.12
ISBN 978-7-5642-2606-0/F·2606

Ⅰ.①货… Ⅱ.①董… Ⅲ.①货币-研究 Ⅳ.①F82

中国版本图书馆 CIP 数据核字(2016)第 275328 号

□ 策划编辑　王永长

□ 责任编辑　王永长

□ 书籍设计　张克瑶

HUOBI YUANBEN
货 币 原 本
董广宇　著

上海财经大学出版社出版发行
(上海市武东路 321 号乙　邮编 200434)
网　　址:http://www.sufep.com
电子邮箱:webmaster @ sufep.com
全国新华书店经销
上海华业装潢印刷厂印刷装订
2016 年 12 月第 1 版　2016 年 12 月第 1 次印刷

710mm×960mm　1/16　13.5 印张　242 千字
定价:36.00 元

前 言
PREFACE

经济学上空飘着的两朵乌云

大凡对物理学的发展史有点了解的人,一看到这个标题,就会想起19世纪末物理学上空飘着的两朵乌云。

那是在1900年,新世纪伊始,德高望重的老物理学家开尔文男爵在新年的致词中讲到"物理学晴朗的天空中如今被两朵乌云笼罩了,第一朵乌云出现在光以太理论上,第二朵乌云出现在麦克斯韦-玻尔兹曼能量均分理论上"。

这两朵乌云使得经典物理学产生了危机。为了解决第一朵乌云,诞生了相对论;同样,为了解决第二朵乌云,诞生了量子论。相对论和量子论是现代物理学的两大支柱,是对经典物理学的彻底革命,全方位地刷新了世人的观念。

提到相对论和量子论,有一点很奇怪,两者虽然都是现代物理学的支柱,但是相对论的名声非常响亮,即便是初中生都知道相对论,甚至还有时间变快变慢的概念;然而对于量子论,知道的人却少之又少,连大学生被问到量子论时都是一脸茫然。

我想这里面有两个主要原因:相对论的整套理论都是由爱因斯坦一个人完成的,因此,说到爱因斯坦就会提起相对论,说起相对论就会提到爱因斯坦;而量子论的发展则是由一群人共同创立的,并且其间的过程跌宕起伏、曲折逶迤,甚

1

至为了解释同一个问题,科学家们还分成了派别。量子论的学习难度最大,知识框架松散,模型建立困难。

如今,经济学的上空也同样出现了两朵乌云,只不过这两朵乌云至今还未引起经济学家们的注意。

一朵乌云是:存在银行里的钱,到底是属于储户,还是属于银行?

另一朵乌云是:通货膨胀的根源究竟是什么?

对于第一朵乌云,这里给出一个答案:

在当下的货币金融系统中,存在银行里的钱,既属于储户又属于银行,货币具有双重所有权特性。

——为什么会出现货币的双重所有权?

——因为我们的记账产生了错误。

——什么错误?

——钱存进银行后,储户把这笔钱记账在资产方的随时可动用的货币资金科目下(或现金与现金等价科目),因此在储户角度,储户与银行签订的是保管合约;而在银行角度,同样这笔钱,银行将其记账在负债项下,并支付利息给储户,因此,银行与储户签订的是借贷合约。

——由于储户认为,储户和银行签订的是保管合约,因此存在银行里的钱依然属于储户;又因为银行和储户签订的是借贷合约,即储户把钱已经借给银行了(钱存进银行,银行负债增加,资产也等量增加,故银行有权可将这笔钱随时用于贷款),因此存在银行里的钱目前属于了银行。所以,存在银行里的钱,既属于储户又属于银行。

——既然这种记账方式是错误的,造成了同一笔钱同时属于储户和银行,那么正确的记账方式是什么?

——正确的记账方式有两种:一种是双方都按照借贷关系记账,即,储户将钱存进银行后,其货币资金科目减少一笔、资产方的债权科目(非随时可动用)等

前言

量增加一笔,对应地,银行的负债增加、资产等量增加。另一种是双方都按照保管关系记账,即钱存进银行后,储户的资产负债表科目不发生变化,而银行将储户存进来的这笔钱记在表外资产科目。如此,货币才具有唯一所有权,在同一时间段内,或属于储户或属于银行。

——关键在于,货币的双重所有权特性合理吗?如果是合理的,那么你银行卡里的钱同时被其他人声称拥有,你愿不愿意?!如果是合理的,那么你钱包里的钱当你想使用时,却发现已经被别人使用了,你愿不愿意?!

对于第二朵乌云,这里也给出一个答案:

先确定好通货膨胀的定义,否则后面没法讨论。所谓通货膨胀,"通货"和"膨胀"两个词组成了一个主谓词组,意即通货在膨胀、货币在扩张。

——通货膨胀的根源在哪里?

——银行实行的部分准备金制度。

——什么是部分准备金制度?

——顾名思义,银行只是把储户存款的一部分用以应对全部储户的提款,剩下的那部分储户存款都用于了银行贷款。也就是说,银行其实无法应对所有储户的提现。

——为什么银行可以实行部分准备金制度?

——因为存进银行的货币出现了双重所有权特性:银行对储户的存款拥有所有权,因此,银行可以将其放贷;而储户对同样的这笔存款也拥有所有权,因此,储户不会因为银行放贷而将自己的存款数量进行减计。

——反过来思考,假设存进银行的货币只有唯一所有权,会出现什么情况?货币的唯一所有权如属于储户,银行则无权用储户的钱发放贷款获得利息收益;反之,货币的唯一所有权如属于银行,银行则无法向储户承诺可以随时来全额取款。

——部分准备金制度怎么就造成了通货膨胀?

——注意，这是最关键的地方：银行将储户的钱放贷出去，这笔钱就形成了借款人的存款，而与此同时，原先储户的存量存款却并没有出现减少（或者说，这个社会上其他人的账户上的钱没有因为银行发放贷款而出现减少）。那么，这时，总货币数量就是原先储户的存量存款加上新增出来的借款人的存款，即总货币数量比之前扩张了。

——部分准备金制度，既然只是用一部分存款来准备应对全部储户的提现，那么银行最担心的就是储户集中挤兑。可银行为什么还是敢于向所有储户承诺储户可以随时全额提现？"部分准备"4个字本身就蕴含着不合理。为什么不是"全部准备"？民众很少关心这种问题。

一个人可以不炒期货、可以不炒外汇、可以不炒股票、可以不理财不投资、可以不用信用卡，但是，他不可能不用钱，不可能不与银行有业务往来。想象一下，如果在某个时刻，全世界的钱突然间全部消失了，那接下来会出现什么场景？寸步难行！

没有货币，金融也不复存在，经济也无从谈起。经济的运行需要金融做支撑，而金融的血液就是货币，货币在作循环流动。既然货币是金融的血液，那么货币就必须是没有毒素的，否则毒素就会在血液中蔓延开来，破坏金融，进而影响经济。这个毒素就是指整个货币制度是否会产生通货膨胀。

货币是最为重要、最为基础的财产，与每一个人的财富都休戚相关；而且，在如今经济完全货币化的当下，任何经济活动都有货币的参与，因此要正确理解经济的运行，一定要先研究清楚货币的运转法则。

货币好，则经济好。

董广宇
2016年10月于上海松江

目 录
CONTENTS

前言　经济学上空飘着的两朵乌云 / 1

第一章　货币的四个基本法则 / 1
　　几个有关货币的思想实验 / 3
　　什么是货币的本位 / 8
　　钱不能是什么 / 12
　　货币的四个基本法则 / 16

第二章　对当今货币制度的剖析（一）/ 21
　　熟悉又陌生的存款 / 23
　　通货膨胀的根源 / 28
　　为什么存款失窃案件总是难以判决 / 34
　　为什么要实行存款保险制度 / 38

第三章　对当今货币制度的剖析（二）/ 43
　　货币双重所有权的衍生 / 45
　　细论货币的流通速度 / 50
　　为什么"银行不需要存款就可以凭贷款创造存款"是错的 / 54

美元头寸从未离开过美国 / 62

第四章　对当今货币制度的剖析（三） / 67
　　源于债务的货币 / 69
　　货币制度是如何导致贫富差距的 / 73
　　各种货币名称的辨析 / 75
　　被膨胀的通货 / 79

第五章　构建一套诚实健康自由的货币系统 / 83
　　再论货币的四个基本法则 / 85
　　货币的伦理规范 / 89
　　一套不会产生通货膨胀的货币系统及其运行细则（上） / 91
　　一套不会产生通货膨胀的货币系统及其运行细则（下） / 95

第六章　现实世界的金融财务知识 / 105
　　按揭贷款每月偿还金额的计算 / 107
　　年利率和月利率的转换 / 116
　　关于资产负债表 / 119
　　我们对于黄金的误读 / 124
　　金价未来会走向何方 / 133

附录一　与读者的互动问答 / 145
附录二　一句话提个醒 / 176
附录三　一场关于存款的争论 / 202
后　记 / 206

第一章

货币的四个基本法则

几个有关货币的思想实验

　　思想实验是一种理性的思维活动,也是一种常用的研究方法。有时候,一个内容简单的思想实验可以起到拨云见日的效果。

实验一：用大米发工资

　　实验目的:这个思想实验可以让你瞬间明白通货膨胀的杀伤力。

　　有家企业发工资是发大米,这个月发10袋大米(每袋100斤),下个月却发9袋大米(或者虽然发10袋,但每袋只有90斤)。很明显,你的工资降低了。员工们都怨声载道。于是,这家企业后来发工资改成发货币,这个月发1 000元,此时大米价格是1元每斤,下个月发1 100元,但这时大米价格是1.2元每斤,可你却很高兴,因为工资增长了。

　　两种发工资的方案一比较,我们清清楚楚地看到:在第二种方案中,你实际能得到的大米同样是减少的,可奇怪的是,你却沾沾自喜于你的货币工资增长了。

货币超发引起财富转移的现象就是这样具有隐蔽的效果,让人难以察觉。

实验二:假如印钞机可以公开出售

实验目的:让你立刻看清纸币的本质。

假如印钞机可以公开出售,那大家都会以最快的速度跑向超市抢购印钞机,并将印钞机的印钞速度开到最大档。为什么会这么做?原因很简单:因为谁印晚了或印少了,他就有可能买不到任何商品,到头来只是空有手中的一堆钞票。由此可见,钞票并不是财富。

买了印钞机的人可以印钞,那卖印钞机的人也一样可以印钞,他完全可以选择不卖,自己印啊!

卖印钞机的人可以印钞,那制造印钞机的人也一样可以印钞,他完全可以制造完了不出厂,自己印啊!

……

所以推导到最后,有印钞机并拥有印钞权力的人或机构有且只有一个。为什么呢?很简单:别人干活,他印钞就可以买东西,他凭什么愿意与别人分享这般便宜的事情?掌握了印钞机,等于所有人都在为他工作。

但是,如果他印钞不是仅仅按印钞机的启动键那么简单,而是需要他有财货依据,即,有多少财货才可以印多少钞票(换言之,以财货为抵押发行货币),那么他也必须努力工作以获得财货。

实验三:格雷欣法则的漏洞

实验目的:让你在刹那间领悟到,主流经济学界信奉的格雷欣法则是错的！

假如我们身边有两种货币可供我们自由选择。其中一种货币每1 000元在前年可以买1 000斤大米，到了去年可以买800斤大米，再到了今年却只可以买600斤大米；而另一种货币每1 000元无论在哪一年都可以买1 000斤大米。

那么请问，你会选择哪一种货币？在做出选择之前，需要再提醒一下：这两种货币可以供我们自由地选择。

你，作为卖大米的人会接受哪一种货币？

你，作为买大米的人会选择哪一种货币？

你，作为一个拥有理智的人会储蓄哪一种货币？

毫无疑问，大家一定会选择购买力稳定的第二种货币。

由此看来，在一个可以自由选择的经济环境中，良币会驱逐劣币，而不是那个格雷欣法则：劣币驱逐良币！要使"劣币驱逐良币"成立，需要一个前提：不可以自由地选择货币，即，虽然有多种货币同时存在，但权威部门强制规定，劣币与良币等同流通。那么显然，这个时候，民众会选择"劣币用于交易，良币用于储藏"这种策略，于是市场上最终流通的都是劣币。

每一个人都不会天生自愿地选择劣币，因为这是人性的使然。假如我们的周围有多种货币可供自由地选择（或者说，没有哪个机构垄断了货币的发行），那么选择到最后，所有人都会接受一种价值稳定度最高、使用范围最广的货币，这样一种"选择—淘汰—重选—再淘汰—再选"的循环过程，正是筛选出良币的过程，即：良币的发现诞生于市场的竞争，良币一旦最终确定下来，则发行良币所依据的财货标准也会得到统一，之后整个货币发行制度就会稳定下来。

一种货币要从残酷的市场竞争中脱颖而出成为人人都接受的良币，并且还能长久地保持下去，那么这种货币的发行制度必须与一个硬性的监督机制相配合——持币者可随时向货币发行方自由地兑换该种货币的抵押品财货，因为这个机制能有效地制约货币发行方滥发货币的贪念；货币发行方如若不遵守，自由市场将会再次开启筛选良币的过程。

实验四：钱的源头在哪里

实验目的：颠覆你头脑中原先对钱的认知。

你站在超市的收银台旁，看到消费者甲正从钱包里拿出100元购买东西，你脑海中突然间闪过一个念头，想知道甲手中的这100元是从哪里来的。于是，就有了下面这段对话。

你问甲："你的钱哪里来的？"

甲回答："老板乙发的工资。"

你问乙："你的钱哪里来的？"

乙回答："我卖出产品，消费者丙给的。"

你问丙："你的钱哪里来的？"

丙回答："老板丁发的工资。"

你问丁："你的钱哪里来的？"

丁回答："我卖出产品，消费者戊给的。"

……

于是，消费者、老板、消费者、老板、消费者……陷入了循环论证。

这钱的源头到底在哪里？最开始是如何流通到社会中的？是谁下了这道印刷100元纸币的指令？他又是依据了什么模型测算出整个社会需要多印刷这100元纸币？

经过以上四个货币的思想实验，我相信，比起以往，你现在对钱的认知已经前进一大步了；当然，你对钱的疑问也同步地增多了。人对事物的探索过程就是这样，思考得越深，发现的问题也越多，而好奇心会强烈地驱动着人们去解开这些谜团。假如你拥有这份好奇心，请不要错过后面的内容，你对钱的所有疑问将会得到完整的解答。

什么是货币的本位

经常听见金本位货币、国债本位货币这种说法。那什么是货币的本位？

所谓的货币本位，就是指发行货币的依据是什么，或者说，发行货币的抵押品是什么。

如果你还是不明白，那么用大白话来讲就是：你，拿着货币，走进货币发行当局的办公室，而后，你手中的货币能向货币当局兑换到什么，兑换出来的这个"什么"就是发行货币的抵押品。

货币发行的抵押品是货币理论中最先需要搞清楚的问题。

有两种最常见的货币本位制：黄金本位制和国债本位制。

黄金本位制，即货币的发行方有多少黄金就发行多少货币。如布雷顿森林体系中，美国政府每拥有 1 盎司黄金就发行 35 美元货币，黄金列于货币当局的资产方，发行出来的美元列在其负债项下。

相应地，国债本位制，即货币的发行方有多少国债就发行多少货币。当下的美元发行制度就是标准的国债本位制。例如，美国财政部对外发行 100 美元的国债，美联储买下这笔国债，发行 100 美元，国债列于美联储的资产方，发行出来的美元列在其负债项下。这里还要多说一句，自美联储实行量化宽松 QE 以来，美元的发行制度已经改成了"国债＋MBS"本位制，MBS

(Mortgage Backed Securities)就是住房抵押贷款支持债券。

以上都是站在货币发行方的角度看待货币本位制；反过来，站在货币使用者的角度，看到的却是另一番景象。

既然货币是由货币当局发行的，那么当货币使用者拿着手中的货币到货币当局申请兑换时，货币当局就应拿出发行货币的抵押品。

如果实行的是黄金本位制，则货币当局收进货币，付给货币使用者等量黄金；如果实行的是国债本位制，则货币当局收进货币，付给货币使用者等面值的国债。

问题的关键就在这里：货币使用者拿到黄金，还可以用黄金到市场上去兑换其他物品，因为黄金从古至今都是全世界范围内被广泛接受的硬通货；可是，如果货币使用者拿到的是国债，还能从市场上换取其他物品吗？超市营业员会接受国债作为支付工具吗？显然不会。

那么货币使用者拿着兑换到的国债有什么用、该怎么办？只有一种办法，去找国债的发行者，也就是说，国债发行者是依据了什么（或抵押了什么）而发行了该笔国债。以美元为例，国债的发行者是美国财政部，而美国财政部发行国债的依据是美国联邦政府的未来税收（注意是"未来"）。说穿了，美国财政部以看不见摸不着的未来信用为抵押发行了国债。换句话说，大家"相信"美国联邦政府的未来税收可以偿还发行出来的国债。

这种"相信"其实是基于无形的信用，只是一种美好的意愿，事实上怎么样呢？

自1971年8月，美元与黄金脱钩以来，美国的国债余额一直以指数形式上涨。

贴一张美国国债的增长趋势图（见图1—1），便可以一目了然。

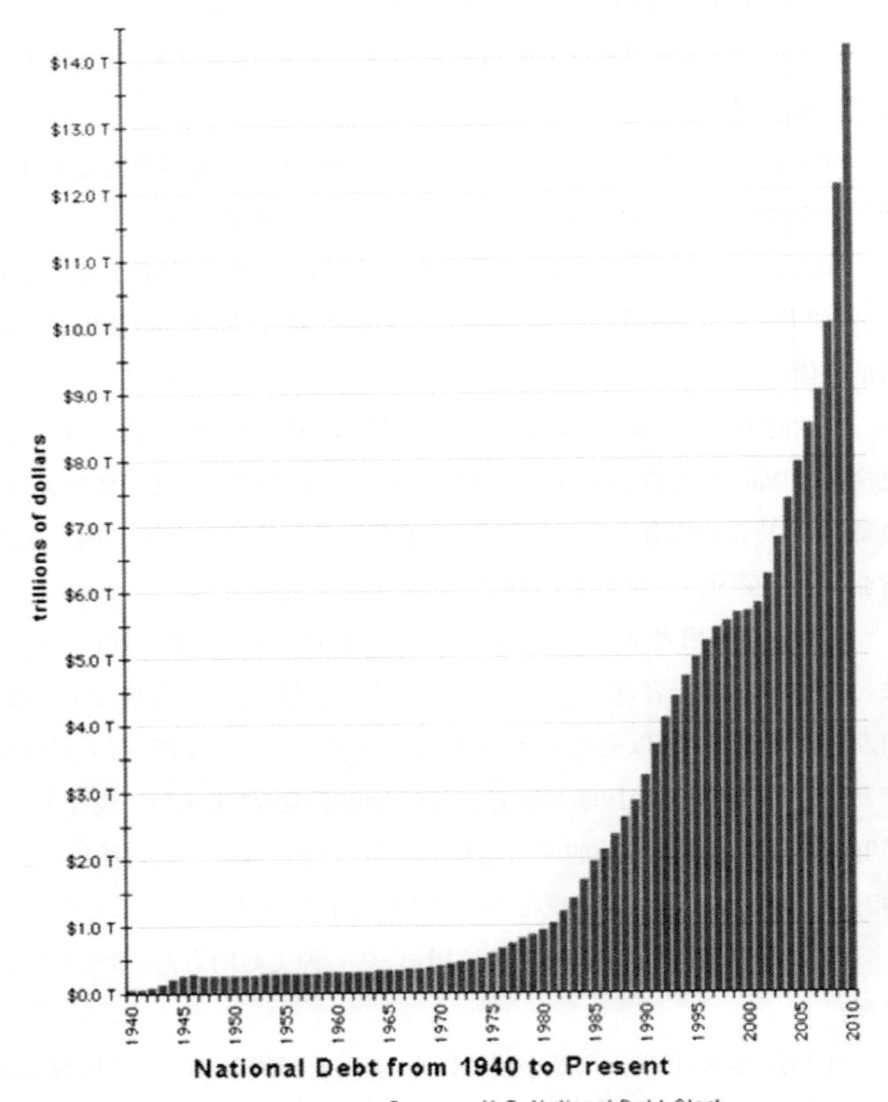

货币原本 ‖ *The Principle of Money*

注：横轴表示年份，纵轴表示债务总额，单位：万亿美元（trillions of dollars）。
资料来源：http://www.brillig.com/debt_clock/。

图1—1 美国国债增长趋势

图1—1中的横轴数据是每过5年一个刻度,数据截至2010年,那时美债余额为14万亿美元,而截至2015年底,已达到了吓人的19万亿美元。注意,在2007年该数据只有9万亿美元,就是说美国自建国以来用了230年的时间将国债余额累计到了9万亿美元,但是其后却只用了8年的时间将国债余额翻了一倍多。什么叫指数增长,这就是啊!

更加要命的是,近几年美国联邦政府的年度财政收入一直徘徊在2.8万亿美元左右,财政收入除了要支付国债利息以外(注意,仅仅是用于支付国债利息,还未涉及支付国债本金),还要支付庞大的国防开支、社保开支,还有谁会相信美国有能力偿还这笔天文数字般的国债。

既然美国没能力偿还,就会赖账,有两种方法:直接宣布债务违约;印刷天量美元偿还债务。两种方式都将导致国债崩盘、美元恶性通胀;同时,由于美国国债又是美元的发行抵押品,于是出现美元危机;而美元又是国际储备货币,是许多货币的发行基准,因此爆发全球货币危机,最终迫使国际货币体系发生变革。

由此可知,货币本位制的选取决定了货币的未来命运。

最后想谈一下"货币"这个词本身。什么叫货币?货币是什么?我想"货币"这个中文词的发明者一定是理解货币本质的:有"货"又有"币";"货"是指财货;以财货为抵押品发行"币",这个整体才是完整的货币含义。如今债务信用货币体系下,只有"币",而没有"货",只是currency,不是money。说穿了,当今货币制度下发行出来的货币,不能称之为"货币",而应称之为"债币",即以债务为抵押发行出来的币。

钱不能是什么

我们从来不问：钱不能是什么？也没见到哪部经济学教材解释过这个问题。

我们反而总是喜欢问：钱是什么？或者问，货币是什么？对于这个问题，当下各种经济学著作的回答可谓大同小异：钱（货币）是一种通用的交换媒介，货币的出现降低了原本以物易物的交易成本；历史上很多商品都承担过货币的职能，比如贝壳、牛、羊、盐、大米、金银等，直至近现代，出现了以央行信用为背书的纸币，之后央行垄断了货币的发行，货币的发行得以国家化。如今，随着结算支付技术的不断升级，钱（货币）的形态由纸币逐渐迈向了电子货币。

很多人看到这种回答都会觉得没有什么疑问，但是，魔鬼总是存在于细节中，其实里面隐藏着两个问题没有解决：

第一，什么叫作"以央行信用为背书"？

第二，此处的"信用"是如何定义的？

可能有人会说，这个"信用"就是指我们对于央行的信心，正所谓信心比黄金更重要。这绝对是在偷换概念，发行货币的"信用"不能这么定义！

在我看来，这里的"信用"是指：货币发行方保证发行出来的货币的购买力不下降，即在时间上，不论过去、现在还是未来，对于同等数量的货币，货币持有人向市场请求索取财富的数量都保持不变！举个例子，大家一听就明白了，比如：同样是1 000元，无论是 10 年前，还是 10 年后，1 000元都可以在市场上买到同质同量的大米。货币发行方假如能做到这一点，就是有"信用"，反之则是没"信用"。

解决了发行货币的"信用"一词的定义，接下来再研究什么叫作"以央行信用为背书"。

所谓"以央行信用为背书"，是指以央行信用为抵押发行货币。依照目前全世界通用的货币发行机制来看，央行信用的代表物是各种债券，比如：美联储发行美元的抵押品是联邦政府国债和 MBS 债券，欧洲央行发行欧元的抵押品是欧元区各成员国的国债和金融机构债券，中国人民银行发行人民币的主要抵押品是外汇储备（外汇储备的成分包括美国国债、MBS 债券、欧洲或日本的各种投资债券等）。由此可见，央行以债券为抵押发行了货币，债券列在央行的资产方，发行出来的货币列在央行的负债方，世间存在一笔债券就是存在一笔债务，实质就是以债务为抵押发行了货币。所以在当今的货币制度下，"以央行信用为背书"这句话翻译过来就是"央行以债务为抵押发行了货币"。

大家还可以思考一下央行发行货币对其资产负债表的影响：每当央行新发一笔货币时，其负债方就会扩张，为了配平"资产＝负债＋所有者权益"这一会计公式，央行的资产方势必也要等量扩张。如果我们发现其资产方项下某个具体的科目扩张了，这就意味着央行以这个科目名下的资产为抵押发行了货币。

央行以债务为抵押发行了货币。换言之，债务产生货币，货币源于债务，当下货币的性质正是债务货币。

问题在于：货币可以是债务吗？钱可以是债务吗？为了说明这个问题，我们先来看一下货币发行方和货币持有人之间的权责关系。

由于货币列在货币发行方的负债项下，那么货币对于货币发行方而言就是一份债务，又因为债权和债务是相生相灭的，因此货币对于货币持有人而言就是一份债权（需要注意一点，此处提到"货币对于货币发行方而言就是一份债务"中的"债务"一词，与之前提到"央行以债务为抵押发行了货币"中的"债务"一词，两者不是指同一回事，一个是指货币发行方的债务，另一个是指债券发行方的债务）。

债权是一种请求权，而不是所有权。在当今的货币制度中，由于货币对货币持有人而言是一项债权，因此，这表明在货币制度的发行起始端，就已经为削弱货币持有人的权能而埋下了伏笔。为什么这么说？因为债权作为一项请求的权利有可能在未来无法行使。最明显的表现就是货币购买力的下降。比如，原本10年前持有1 000元可以买回1 000斤大米，但10年后的现在，同样持有1 000元却只能买回800斤大米。这就是作为货币持有者的债权请求被削弱的现象。债权人的债权请求一旦被削弱，就等于稀释了货币发行人的债务偿还压力，其实就是变相赖账。那么货币的购买力又是如何下降的呢？很简单，超发货币就可以。

再有，一般地，在债权债务关系中，由于债权是请求权，从权能的优先级上看，其权能低于所有权。因此，债权人为了安心，需要债务人拿资产作抵押，因为没有抵押资产的债务，债务人可以轻易赖掉债务。而在当代货币产生机制中，货币发行人是债务人，货币持有人是债权人，那么，债务人拿了什么资产作为发行货币的抵押？答案前面已经讲过：是各种债券。那债券的背书（或者说抵押资产）又是什么呢？其实就是债券发行机构的无形承诺。所有国债、大多数金融机构债都是如此。换句话说，作为债务人的货币发行方以无形承诺(表现形式为债券)为抵押发行了货币。请问：这样做,作为债权人的货币持有人能安心吗？

因为债务人(货币发行方)没有拿实质资产作为发行货币的抵押,所以超发货币就成为一件轻而易举的事情(货币购买力出现下降),而债权人(货币持有人)只能眼睁睁地看着自己的债权请求不断被削弱,货币发行方没"信用"。相反,假如债务人(货币发行方)以实质资产(比如黄金)作为发行货币的抵押,那么由于在黄金数量的增长约束下,超发货币将变得非常困难,从而使得货币的购买力保持长期稳定,债权人(货币持有人)的债权请求也得到完整的维护,货币发行方有"信用"。

钱不能是债务。

货币的四个基本法则

钻研货币理论多年,领悟到四个货币的基本法则。

先把这四个基本法则列出来:

法则一:货币的所有权和使用权不可分离。

法则二:货币只有唯一所有权,不存在双重或多重所有权。

法则三:因货币而产生的债权债务关系必须相生相灭。

法则四:货币或货币的抵押品必须具备财货属性。

我们这个世界的经济状况为什么这么复杂?经济现象又为什么这么混乱?为什么很多经济学理论预测未来总是不准?问题到底出在哪里?我经常思考这些问题。

其实所有经济问题的根源都来自于我们当下货币制度的不合理设计,而这不合理的设计又源于我们对货币运行法则的模糊认识。

市面上关于论述货币的图书可以说是汗牛充栋,尤其是自2007年宋鸿兵的《货币战争》一书出版以来,业界推出的有关货币的图书数量呈指数增长态势,不得不说,《货币战争》这本书引发了民众对于货币的头脑风暴。但是,任何一样东西,一旦发展快了,就容易形成泡沫,图书亦如此。

我发现,绝大多数货币著作都是在谈货币的由来、货币的发展历程、货币

第一章 ‖ 货币的四个基本法则

与人的关系、大国之间如何利用货币进行政治的角力，等等，很少有哪部著作对当下的货币系统做出基础分析的。我所谓的基础分析，其实是指：从会计和法律的角度，同时运用逻辑来分析货币是如何运转的。

也许是因为出身于理工专业，我对事物精准度的追求有着宗教般的狂热。我一直都觉得目前的许多货币图书在内容结构上有些松散、在逻辑推导上不太严谨，总是感觉这些理论像空中楼阁一样，没有从货币的底层基础逻辑开始谈起，而且在当下的货币理论界，真理和谬论一样多。

货币作为全世界每一个人每时每刻都要接触的物件，关系到所有人的财富，因此，我理想中的货币理论必须精确、严谨、简洁。

在我看来，货币理论也应该像《几何原本》那样，先有几条基本的公理法则，而后，再由这些公理法则推导出整套货币理论。这些基本的公理法则正是我所谓的货币的底层逻辑；同样，在我们设计货币系统的时候，需要遵循这些基本法则。

法则一　货币的所有权和使用权不可分离

如果货币的所有权和使用权可以分离，那么当你收到 100 元时，你很有可能拥有的仅仅是这 100 元的使用权，你是否会担心这 100 元被真正的所有者索回？由于你有这样的忧虑，担心财产遭受损害，因此，你很有可能不愿意收取这 100 元。货币作为一种被所有人接受的、广泛流通的、既可以记名（账户存款）更可以匿名（现金现钞）的移动型财产，其所有权和使用权必须合一，否则将会导致人人抵制用货币做交易，使得货币的流通功能丧失；再者，货币一旦用于交易，就完全与使用者没有了关系，因此货币使用者必须拥有货币的处分权，而这等于证明使用者同时拥有了货币的所有权和使用权。

法则二　货币只有唯一所有权，不存在双重或多重所有权

如果货币具有双重所有权，那么当你今天领取工资时，是否会担心你的这笔工资收入同时还属于其他人？其实，任何财产的100％所有权都不能同时被两人或多人所拥有；正如同你手中的iPhone手机被其他人声称拥有，你愿意吗！在会计记账的时候，我们尤其要注意，必须体现出货币所有权的唯一性，绝对不能违反这条法则。

法则三　因货币而产生的债权债务关系必须相生相灭

这其实也是一般债权债务关系的通用法则。有债务必须要有相应的债权，有债权必须要有对应的债务；有债务人但没有债权人，或者有债权人但没有债务人，这些都是荒谬的。更重要的是，债权债务这层关系必须在会计上体现出来，做到法律关系和会计记账方式对称且一致。

法则四　货币或货币的抵押品必须具备财货属性

这是由货币2 000多年的发展历史决定的。在货币出现之前，大家以物易物，非常不方便；而后，随着经济贸易的发展，出现了一种全社会都认同接受的流通商品，其作为一般交换媒介，充当了货币。因此，货币必须具备商品财货属性，才可以进入市场做等价交换。可能有读者会问，这条法则中为什么要以"货币或货币的抵押品"为主语，而不是直接以"货币"为主语？举个例子大家就明白了。金本位时代，黄金是货币，以黄金为抵押品发行的黄金凭

证也是货币,只要发行黄金凭证的金融机构能随时满足持证者的兑换要求,那么黄金凭证就相当于黄金。

　　这四个基本法则可以说是上天赋予货币的秉性。但令人感到遗憾的是,当下我们的整套货币系统把这四条法则全都违反了!接下来的第二、三、四章会具体讲述:当今的这套货币系统是如何违反这四条法则的;违反这些法则后对我们的经济造成了哪些不良影响(有些甚至是灾难性的影响)。

第二章

对当今货币制度的剖析(一)

熟悉又陌生的存款

　　当今这套货币制度是如何违反四条货币法则的？是从哪一个环节开始违反的？

　　让我们从最简单的银行存款说起，一步一步详细地为大家展现这个过程。

（一）

　　可以说，全球 70 亿人中大多数人都有存款。在我们人的一生中，第一次去银行遇到的金融服务就是存款。存款对我们来说是那样的熟悉，甚至熟悉到可以无视的地步；可是，一旦对其进行解剖，却发现存款又是那样的陌生。

　　让我们先来做一道思考题：把钱存进银行的时候，这个行为是在让银行"保管"我们的货币，还是在向银行"借出"我们的货币？

　　我相信，绝大多数人的第一反应是"保管货币"，思考几分钟后，又觉得是"借出货币"。大家的想法为什么会改变？因为存在利息，只有借款才会产生利息啊！但是问题到这里并没有结束。

　　大家都知道，当我们把钱存入银行时，银行承诺，储户可以随时将存款全

部取出,如果银行有异地分行,还可以通存通兑,真正做到随时随地取现。接下来的逻辑就是:

(1)既然储户可以随时取现,那就意味着储户对存款从没有丧失财产所有权;

(2)既然储户对存款从没有丧失财产所有权,那么存款就意味着银行是在"保管"我们的货币;

(3)既然银行在"保管"我们的货币,那就意味着银行为我们提供了财产安全服务;

(4)既然银行为我们提供了财产安全服务,那么为什么,反而是银行付息给储户?

这就如同:我把一笔钱交予你保管,在保管期间,你妥善安置好这笔钱财;到期后,你非但不向我收取保管服务费,反而主动给我利息!这是不是很荒谬?

再来看付息,在我们这个星球上,任何经济活动如果产生付息行为,那就表明其中发生了借贷关系或者债权债务关系。从银行的资产负债表上我们可以清晰地看到,储户的存款列在银行的负债项下。这清楚地证明,银行在向储户借钱。接下来的逻辑就是:

(1)既然是借钱行为,那么储户和银行之间就是债权债务关系;

(2)既然是债权债务关系,那么财产所有权或处置权在借贷期间发生了转让;

(3)既然财产所有权或处置权发生了转让,那么意味着储户对这笔存款暂时丧失了财产所有权;

(4)既然储户对这笔存款暂时丧失了财产所有权,那么为什么银行还会承诺允许储户可以随时全额取现?

这就如同：我把一笔钱借给你在一定期限内使用，到期还本付息；但是你作为借款人却在合约中主动加了一条，即便这笔借款没有到期，我都可以随时把这笔钱取回来，不但不损失本金，还有部分利息！这是不是很奇怪？

（二）

好了，到这里我们可以看到，在存款这个行为过程中，储户对自己的这笔存款既从没有丧失过财产所有权，又暂时丧失了财产所有权。——天大的矛盾！

从法律上说，当我们把钱存入银行的瞬间，就是跟银行签订了一份保管关系和借贷关系并存的合约。需要注意的是，站在财产所有权或处置权的角度，保管关系和借贷关系是天然相排斥的。

如果我们和银行签订的是保管合约，那么应该是我们作为寄托人支付给银行保管服务费，而银行作为保管人必须满足储户可以随时将存款全部提现的要求。除此之外，更重要的是，在会计上，储户的存款不应列在银行的负债项下，而是列为银行的表外资产。原因很简单，既然签订的是保管合约，那么银行作为保管人对被保管的物品不能行使物品所有者的权利，因此被保管的物品不能列入保管人资产负债表的任何科目。

如果我们和银行签订的是借贷合约，那么银行就应规定，在借贷期间，储户不可随时取现，而且借贷利率应该是银行和储户之间商议，不是由中央银行一刀切；反映在会计上，这时候最核心、最关键的是：储户的存款不应再列入储户资产负债表中的货币资金科目（或者现金与现金等价科目），而应列在债权资产科目项下，即储户去银行存入一定金额后，货币资金科目减少相应的金额，债权资产科目增加等量的金额。

事实上，从会计上去解读就知道，这种将存款列为银行负债的同时，再列为储户货币资金的记账方式是不可理解的：储户的存款已经借给银行了，意味着银行可以随时动用这笔钱，即银行多了一笔负债，用借钱的方式获取了随时动用这笔钱的权利，从而等于增加了等量的资产；但这笔存款却依然记在储户可以随时动用的货币资金科目下，也就是说，银行和储户双方都可以随时动用这笔钱。那么请问，这笔存款的所有者到底是谁？从双方资产负债表上的科目去看，此时银行向储户借款多了一项债务，可是储户却没有相应地增加一项债权！没有债权，哪来债务！反过来，有了债务，却没有债权！

关于储户的类别要提醒一下，我们说的储户不是仅仅指有银行储蓄的自然人，而是涵盖了所有在银行有存款的企业、团体、机构。

刚才说到中央银行，这里就顺便提一句，都说中央银行作为最后贷款人，其职责之一就是保证商业银行不倒闭、不破产。这其实是荒唐的、违反自由市场竞争精神的。理解不了，可以反过来想：如果有一家企业，称为中央企业，其职责就是保证商业企业不倒闭、不破产。那么请想想，这些绝不会倒闭破产的企业会生产优质的产品吗？这家中央企业的存在，只会给经济带来负能量。

（三）

读者也许会问：既然是银行向储户借钱，那为什么还要向储户承诺可以随时来全额取款？反过来，储户借钱给银行后，为什么还要将这笔钱列为货币资金科目？这里面根本的原因就在于银行要实行部分准备金制度。

所谓部分准备金制度，包含两层意思：

（1）银行向储户借钱（或者说揽存），但没有把借来的钱 100% 都用于放贷,而是将存款的一部分(注意不是全部)作为准备金,以此应付储户的提款;由于大量储户的提款行为呈随机分布,同一时间内发生储户集中提款事件的概率几乎为零,因此银行敢于对外向所有储户承诺可以随时全额取款。

(2)将存款的剩余部分用于放贷,以此赚取利差。这里有一个关键步骤,银行要将储户存款用于放贷,就势必要拥有储户存款的所有权,否则会形成对财产权的非法侵占,因此通过借款,将储户对这笔钱的所有权转让给银行;可对于储户来讲,由于银行承诺可以随时全额取款,因此储户将钱存入银行并没有感觉到是在借钱给银行,所以依然将这笔钱列在货币资金资产科目项下。

存款这种金融行为,拆解开来辨析,重心在这个"存"字上。"存"指代存放、保存。既然是存放和保存,那么存款就没有使储户失去对这笔钱的所有权。但实质上,存款的"存"更多地是带有"借"的含义,即,银行向储户借款从而获取了对这笔钱的所有权,这就造成了一个惊人的事实:同一笔钱在同一时间段内具有双重所有权——被储户和银行同时拥有,亦即产生了货币的双重所有权特性。站在储户角度看,储户和银行签订的是保管合约;站在银行角度看,银行和储户签订的是借贷合约。

说到这里,我想大家对以下这些问题都已经相当清楚了:为什么存款列为银行负债?为什么借给银行的钱依然列在储户的货币资金科目项下?为什么银行最担心储户集体挤兑?

如果能顺利地看到这里,那么恭喜你,你已经明白了这个世界货币制度的一半内容;同时还要祝贺你,因为目前你的金融知识早已遥遥领先于其他人。

通货膨胀的根源

有了前文内容的基础,这里就来解决"为什么会有通货膨胀"这个问题。

先给出通胀的定义:事实上,通货膨胀的定义相当简单,"通货"和"膨胀"两个词语组成了一个主谓词组,顾名思义,通货在膨胀。说得再清楚一点,货币在超量发行。再来看教科书上的解释:所谓通货膨胀,就是指,因货币的供应量大于货币的实际需求量,导致货币贬值,从而引起物价普遍持续上涨的现象。由此可见,通货膨胀是因,物价上涨是果。

通货膨胀定义中的关键点在于:因货币供应大于货币的实际需求,导致货币贬值。说白了,就是货币超发,通胀的原因正在于此。但是,为什么会产生货币的超发呢?

究竟、到底是什么原因导致货币在超发?先把结论亮出来:这个根源就是当今全世界银行体系都在实行的部分准备金制度。对,正是前文最后提到的那个制度。

在正式分析之前,需要一点数学知识准备。

设 $0<q<1$,有一等比数列 a、aq、$aq^2\cdots aq^n$,求该数列之和。

令 $S=a+aq+aq^2+\cdots+aq^n$

则 $Sq=aq+aq^2+aq^3+\cdots+aq^{n+1}$

得 $S-Sq=a-aq^{n+1}$

即 $S(1-q)=a(1-q^{n+1})$

得 $S=a\dfrac{1-q^{n+1}}{1-q}$

当 n 为正无穷大时,该等比数列为无穷等比数列。

又 $0<q<1$,根据极限

得 $\lim\limits_{n\to+\infty}q^{n+1}=0$

故 $S=\dfrac{a}{1-q}$

这个无穷等比数列的求和公式很重要,务必记住。

为了讲明白部分准备金制度是如何扩张货币供应的,我们先用一个最简单的模型:有甲乙两家商业银行,甲银行有存款1亿元,为便于讨论,假设乙银行刚成立没有存款。

此时有客户向甲银行贷款5 000万元,客户的账号开设在乙银行,甲银行放款之后,客户在乙银行的账户上瞬间变成5 000万元,即乙银行存款由0变成5 000万元。

注意,这个时候见证奇迹的时刻来了!以下这段内容请一个字一个字地阅读。毫不夸张地说,整个商业银行系统的运作核心都在这段文字中。

根据前文内容,由于货币的双重所有权特点,甲银行行使所有权将储户存款用于了放贷,而甲银行的储户行使所有权依然可以从银行提取1亿元的存款,所以甲银行的储户不会由于银行放贷而将自己的存款进行减记,因此甲银行的存款数量并没有因银行放贷而出现减少,还是原先的1亿元;而此时,乙银行的存款是5 000万元;那么整个银行系统的总存款就是1.5亿元,比之前多了5 000万元存款;而且重要的是,既然是银行存款,根据银行向储户的承诺,那么这1.5亿元可以随时从银行中提取出来,因为1.5亿元都记在储户随时可动用的货币资金科目账上；可是，经济总量并没有在这个过程中有任何增加，即经济增量为零，但是钱多了5 000万元。显然，通过贷款这个步骤货币超发了，多出的5 000万元被称为派生存款或派生货币。

把以上的模型扩大：一家中央银行、N家商业银行，存款准备金率是10%（商业银行存款总额的10%上缴至央行），只有一家商业银行有存款1亿元（此为原始存款，来源于央行发行的基础货币），其他银行都没有存款，贷存比上限是100%（贷款额与存款额之比可以达到的最高值）。

整个货币创造过程如下：

(1)由于原始存款1亿元，第一家银行上解1 000万元存款准备金至中央银行，剩9 000万元存款用于放贷。

(2)9 000万元贷款放出去后，成为第二家银行的存款；第二家银行上解900万元存款准备金至中央银行，剩下8 100万元存款用于放贷。

(3)8 100万元贷款由第二家银行放出去后，成为第三家银行的存款；第三家银行上解810万元存款准备金至中央银行，剩下7 290万元存款用于放贷。

(4)7 290万元贷款由第三家银行放出去后，成为第四家银行的存款；第四家银行上解729万元存款准备金至中央银行，剩下6 561万元存款用于放贷。

……

这时，根据无穷等比数列求和公式可以计算出整个银行系统拥有了多少货币：

(1)商业银行存款总额：$9\,000+8\,100+7\,290+\cdots=\dfrac{9\,000}{1-0.9}=90\,000$（万元）=9（亿元）。

(2)央行存款准备金总额：$1\,000+900+810+\cdots=\dfrac{1\,000}{1-0.9}=10\,000$（万元）=1（亿元）。

(3)整个银行系统货币总额:9+1=10(亿元)。

原始1亿元的存款,因为部分准备金制度的运作,货币总量扩大为原先的10倍(即货币乘数为10,正好等于存款准备金率10%的倒数)。可是,在货币创造的过程中经济总量并没有增长为原先的10倍,这意味着货币超发了!

读到这里,想必你对通货膨胀的根源已经一清二楚了。现在如果回过头,再去看前文的内容会更有感觉,写作此部分内容正是为了说明为什么银行能够实行部分准备金制度。

部分准备金制度可以说是当今全世界最大的障眼法,而罗斯柴尔德的那句话"如果我能控制货币的发行,不在乎谁制定法律"是这个超级障眼法中的暴风眼。破解这个障眼法的关键步骤,就是辨析清楚一个问题:当我们把钱存进银行后,这笔钱到底是属于储户的还是属于银行的。

令人感到悲哀的是,部分准备金制度作为一种障眼法,竟然成了当今全球金融系统的基本运作规则!而正是在这种模式下,中央银行将通货膨胀这头怪兽从潘多拉魔盒中释放了出来,世界经济也由此开始变得不健康起来。

最后我们贴一张图(图2—1),图中用实际的经济统计数据告诉大家:中央银行与通货膨胀之间的关系。

从图2—1中我们可以看到,自1774—1912年,在将近150年的时间里,美国的年均通货膨胀率(Average Annual Inflation)只有—0.2%。可是,自从1913年美联储(Fed Created)成立以来到2015年的100年时间里,美国年均通货膨胀率却达到了3.3%。尤其是,自1971年尼克松废除金本位之后,我们看到,货币发行一旦失去了黄金的制约,通货膨胀率就像脱缰的野马般一路狂飙。把图2—1翻折180°倒过来看,原本那条反映通货膨胀率变化的曲线其实就是货币购买力的变化曲线,从美联储成立之后,美元的购买力一

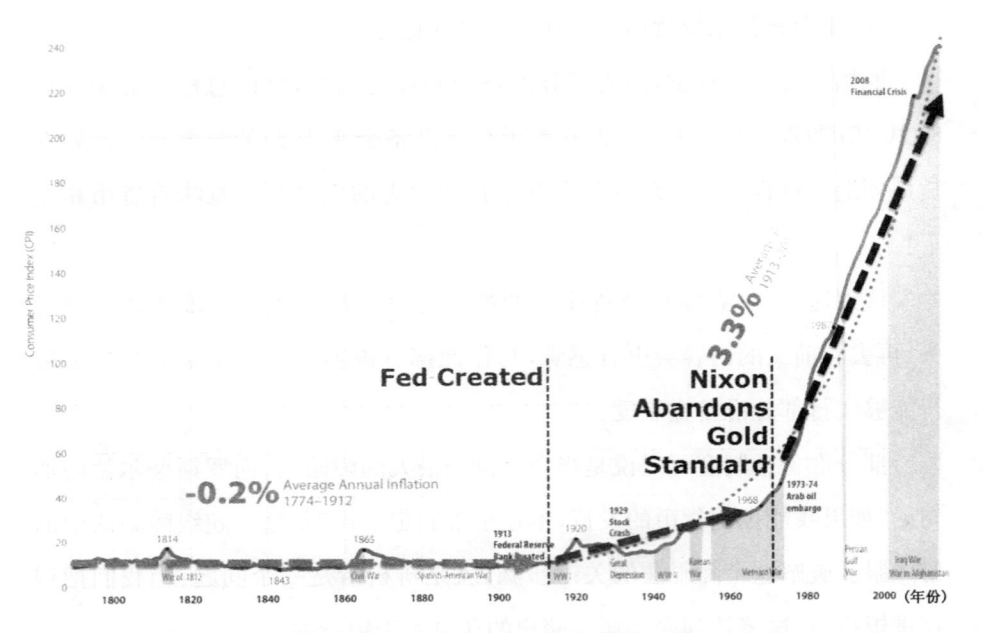

注：图中横轴表示年份，纵轴表示的是 CPI 消费价格指数（Consumer Price Index），用各年度的 CPI 指数变化率衡量通货膨胀率。

资料来源：https://www.measuringworth.com。

图 2—1　美国 1774—2015 年通货膨胀率的变化趋势

直呈下降趋势。

　　关于通货膨胀率，我这里想要阐述一下我的观点。图 2—1 中衡量通货膨胀率的指标用的是 CPI。但是，我并不认为用 CPI 可以精准地度量出通货膨胀率。因为 CPI 仅仅统计了消费品的价格变化，相当一部分物价变动没有纳入统计（比如半消费半投资型的房产）。其实，这也是为什么我们无法把 CPI 数据和自身感受的通胀程度挂钩起来的原因。

　　我计算通货膨胀率用的是另一套方法。采用这套方法的依据其实很简单，就是通货膨胀的定义，计算过程可以用一组公式表达出来：

　　通货膨胀率

＝货币超发率
＝货币供应增长率－货币需求增长率
＝货币供应增长率－实际经济增长率
＝货币供应增长率－（名义经济增长率－全体物价指数增长率）

为什么存款失窃案件总是难以判决

银行卡被盗刷,存款单被冒领。

近几年来,银行和储户之间关于存款资金遭窃的案件持续不断,案件最后的审判结果各有不同,有些是储户胜诉,有些是银行胜诉。那么,在这一类案件中,银行和储户之间的问责是如何厘清的?

这些案件所包含的法理概念之所以梳理起来困难,其中的关键原因就在于银行和储户之间的存款合约是保管合约与借贷合约的杂合体;而站在财产所有权的角度,保管合约与借贷合约是相互排斥的。这相当于画了一个正方形的圆,听上去非常奇怪,但事实的确如此。

当银行和储户之间发生存款资金失窃案件时,法庭不知道到底是按照保管合约判案,还是按照借贷合约判案。这正是为什么审理这类案件会如此纠结的根本原因。

比如,储户的存单取款密码被窃贼知道后,窃贼拿着储户的存单来到银行柜台前,可以方便地将存单上的所有存款全部取走。那么,在这个案例中,银行需要负责吗?

很多人会说,银行当然不需要负责了,因为银行规定,银行存单的密码校验一通过,视同存单开立者本人行为。想起来的确如此。不过需要注意的是，这是站在储户角度想问题，因为在储户看来，储户和银行签订的存款合约是保管合约，在保管合约中，只有寄托人（此处是储户）才有权提取货物（此处是货币），提取密码完全由寄托人全权掌控，因此，存款资金遭窃与银行无关。

可是，反过来，站在银行角度想问题，就会看到另一片世界。

由于银行和储户签订的存款合约是借贷合约，那么在借贷关系中，资金遭窃会是一种什么情形呢？

为了说清楚这个问题，我们举个例子。甲借给乙一笔钱，那这笔钱的所有权就完全从甲转让给了乙，由此在借贷关系存续期间，乙对这笔钱拥有无可争议的处置权；甲既然将这笔钱借给了乙，那么，甲对这笔钱就无需过问了，随便乙怎样处置这笔钱，只要借贷关系一结束，乙连本带利返还给甲就行。也就是说，在借贷关系存续期间，甲借给乙的这笔钱无论是被乙用于消费还是被别人窃取，甚至乙被诈骗损失了这笔钱，甲都无需关注。甲唯一关心的是：借贷关系到期后，甲作为债权人拿着债权证明书来到乙处，乙是否有能力偿还本金加利息。相同地，储户把钱借给了银行，就无需关注钱流向什么地方，也无需关注钱以什么方式流向了目的地。换句话说，储户不必关心借给银行的钱是否被偷、被抢、被骗，储户唯一关心的是，只要借贷到期后，银行保证将本金加利息还给储户就行。

但是诡异的地方在于，作为债权证明书的存单，银行（债务人）却主动在其中加了一条规则——储户（债权人）可以拿着债权证明书随时来银行终止债权债务关系，不但不损失本金还有部分利息，而终止债权债务关系的方式竟然是凭密码校验！从常理来说，需要用密码校验来验证的关系明明是寄托和保管关系啊！相应地，通常终止债权债务关系的方式是借贷合同的到期注销；而且一般而言，借贷合约未到期时，要求提前终止债权债务关系的一方往往是债务人，而非债权人，即便真的是债权人要求提前终止的话，也要承受一

货币原本 ‖ *The Principle of Money*

部分本金的损失,哪里还有利息,更何况,债权人要求提前终止,也需要事先通知债务人,怎么可以随时提前终止;最后,如果是非债权人本人来办理关于终止债权债务关系的事宜,还要有债权人本人的授权。原本一套完整严格的终止债权债务关系的流程,在银行和储户之间却简化成只要凭借密码校验就行了;尤其令人感到震惊的是,凭密码校验这种手段其实是用于验证寄托和保管关系的。

　　对储户来讲,由于可以随时结束和银行之间的债权债务关系,这等于是说,储户随时可以提取被借贷的资金,既然是随时都可以提取,那么储户就不会感觉到钱是借给了银行,这也就意味着储户从没有感觉到失去货币的所有权(实质上明明是借贷关系,货币的所有权已经发生了转让)。正是由于储户的这种心理感受,所以,原本明明是借贷关系瞬间却变成了保管关系(也就是说,储户原先无需关注借给银行的钱是否被偷被抢被骗,现在却需要关注了,资金遭窃或被骗与自己有关了)。因此,储户虽然持有作为具备债权性质的存单,但并不在自己资产负债表的债权科目下做一笔记账,而仍然记在货币资金科目下。所以,与银行的资产负债表一对比,同一笔货币产生了双重所有权的特性(既属于储户又属于银行,同一笔钱,储户可随时取出,银行可随时用于放贷)。

　　货币双重所有权的诞生,为银行和储户之间关于存款资金遭窃或诈骗的案件审判带来了无穷无尽的烦恼。

　　站在储户角度看,存款资金遭窃责任在储户,与银行无关,因为储户和银行签订的是保管合约,提取密码完全由储户全权掌控;站在银行角度看,存款资金遭窃责任在银行,与储户无关,因为银行和储户签订的是借贷合约,储户的钱已经完全借给银行了,银行对这笔钱拥有完全处置权,储户无需关注用钱的过程、钱的流向、钱的流转方式,只需关心借贷到期时银行是否能连本带息偿还。

任何一份有效的合约都有权利对应的双方,比如:买卖合约中,有买方和卖方;保管合约中,有寄托人和保管人;借贷合约中,有债权人和债务人。在一份合约中,如果只有一方,而没有权利对应的另一方,那么可想而知,此合约中约定的事项就是无效的,则合约也是无效合约。

如果存款合约是保管合约,储户是寄托人(因为储户可以随时把钱从银行中取出),那么保管人是谁?如果是银行,那为什么储户作为寄托人不支付保管服务费给银行?

如果存款合约是借贷合约,银行是债务人(因为银行需要支付利息给储户),那么债权人是谁?如果是储户,那为什么储户的资产负债表内科目没有体现出债权人特征?

因此,银行和储户之间签订的存款合约,是保管合约与借贷合约的杂合体,有寄托人没保管人,有债务人没债权人,其实就是一份无效合约。

为什么要实行存款保险制度

（一）

所谓存款保险制度就是指当银行面临破产倒闭时，由存款保险机构向储户支付不高于某个限额的货币资金（这个限额在各个国家或地区都不太一样，美国是 25 万美元，欧元区是 10 万欧元，日本是 1 000 万日元，中国是 50 万元人民币）。

听上去很好啊，保护了储户的利益。可是大家有没有想过这样一个问题：你存进银行 60 万元，之后，这家银行不幸破产，于是存款保险机构支付给你 50 万元。那么请问，失去的那 10 万元去了哪里？

原本存进银行前，60 万元货币的所有权属于你，假如存进银行后，60 万元货币的所有权依然属于你，那为什么最后你只得到 50 万元货币？这足以证明，当钱存进银行后，60 万元货币的所有权从你这里转让给了银行。具体来说就是：银行通过借贷（向你借钱）获得了货币的所有权；储户将钱存入银行，就是将钱借给银行，储户成为银行的债权人。

正因为储户是银行的债权人，而银行作为债务人可能会在未来的经营过程中破产,所以为了在一定程度上保护债权人(注意只是在一定程度上,而不是用破产清算资产100%保护债权人),于是推出了存款保险制度。如果储户和银行之间是寄托人和保管人的关系,何必需要存款保险制度?

想不明白?反过来思考一下,假设你把1 000万元的钱交给一个机构保管,由于你们之间签订的是保管合同,那么钱的所有权没有从你这里转让出去,因此,无论这个保管人是否破产倒闭,你都可以随时拿走你的1 000万元。原因很简单,因为保管人不具有这1 000万元货币的所有权,所以当保管人破产倒闭时,是绝对不能用这1 000万元货币进行破产清算的。这1 000万元的货币一直安全地躺在库房里,而保管合同就像仓单一样,可以随时以此为凭证取回1 000万元货币。

好了,回到前面说的,银行破产倒闭时,储户得不到高于某个限额的货币资金;既然得不到,那证明储户的存款所有权被转让了,因此推行存款保险制度本身已经说明把钱存入银行,等于是储户让渡了存款所有权,从而使得银行可以随时动用这笔钱。但诡异的是,这笔存款却依然记在储户资产负债表中随时可以动用的货币资金科目下,即银行和储户双方都可以随时动用这笔钱。还是那个问题,请问,这笔存款的所有者到底是谁?

当今的货币,绕来绕去,依然摆脱不了"货币双重所有权"这个问题。

(二)

也许有人会问:既然储户把钱存进银行,就是把钱借给银行,储户是银行的债权人,银行和储户之间的关系是债务人和债权人的关系。那么现有的法律有没有对银行和储户之间的关系做出规定?

在这个问题上,其实世界各国的银行法几乎都一致认为银行是债务人,储户是债权人。尤其是英美银行法律明确指出,银行和储户之间是借贷关系。法学大家沈达明的《美国银行业务法》和《英法银行业务法》详细探讨了这个问题。

在中国,《商业银行法》第 71 条规定:"银行破产清算时,在支付清算费用、所欠职工工资和劳动保险费用后,应当优先支付个人储蓄存款的本金和利息。"这条规定清楚地表明,储户是银行的债权人。不过该法律没有提到,当银行破产时,企业的存款是以什么方案支付。以这条规定的语义来看,感觉是在支付完个人储蓄存款后再支付企业存款。如果是这样,那么同样是作为债权人,企业储户的债权优先级低于个人储户。

法律已经界定,储户是银行的债权人。可要命的是,在会计上,储户的记账科目却没有体现出这种债权性质,储户的记账科目体现出来的是保管性质。储户和银行之间的存款合约,在储户端是保管合约,在银行端是借贷合约。

(三)

储户是银行的债权人,那么储户之间通过银行转账支付系统进行资金的往来,岂不是成了相互债权的变更?

的确如此,举个简单的例子体会一下。

企业 A 向企业 B 购买一批原材料,价格 100 万元。企业 A 的账户开在银行甲,企业 B 的账户开在银行乙。企业 A 通过转账支付系统汇款给企业 B,将 100 万元资金从银行甲划账到银行乙,这笔生意结束。此时,对企业 A 来讲,获得了企业 B 的货物的所有权,失去了对银行甲的债权;对企业 B 来讲,失去了自己的货物的所有权,获得了对银行乙的债权。也就是说,企业 B

明明是和企业 A 做生意，但最后却与自己的开户银行乙之间多了一项债权！是不是感觉有点不伦不类？

　　站在银行角度看，这样一个过程确实很奇怪，因为银行与储户签订的是借贷合约。上述例子中，企业 A 失去了对银行甲的债权而获得了货物的所有权，企业 B 失去了货物的所有权，获得的却是对银行乙的债权，双方权利归属的更改不一致、不等价，即企业 A 获得的是实实在在的当下货物，而企业 B 获得的是一份债权，而债权在未来能否顺利行使要看银行乙的经营状况；而且在这个过程中，银行只是做了一次支付动作，就发生了债权的更改。债权如此更改显得太过随意！

　　但是站在储户角度看，就非常自然了。因为储户和银行签订的是保管合约，在上述例子中，企业 A 获得了企业 B 的货物的所有权，失去了自己的货币的所有权，企业 B 失去了自己的货物的所有权，获得了企业 A 的货币的所有权。在这个生意往来的过程中可以清晰地看到，双方权利归属的更改对称并且优美，而银行只是起了一个中介支付的作用。

　　法律虽然规定了银行和储户之间是债权债务关系，但是双方的会计记账方式并不正确体现出这重关系，因此造成了双方都可以随时动用同一笔钱，从而形成了货币的双重所有权特性。

第三章

对当今货币制度的剖析(二)

货币双重所有权的衍生

通过前文阐述,我们对"货币双重所有权"这个概念已经有了深入的了解。现在我们对其进行拓展,提出一个更加深刻的概念——基础货币的多重所有权。

为了讲解清楚,我们用一个具体的例子分步骤作说明。

(1)初始条件:一家外贸企业出口货物得到外汇1 000美元,该企业所在国的中央银行根据当时的市场兑美元汇率10∶1买进外汇,放出本国货币1万元(基础货币),企业得到1万元货币后存进A银行,形成A银行有存款1万元。

(2)根据货币的双重所有权特性,此时这1万元基础货币的所有权既属于这家外贸企业,同时又属于A银行。

记录A银行的资产负债表:

　　资产方——法定准备金1 000元,超额准备金9 000元;

　　负债方——储户外贸企业存款10 000元。

(3)A银行上缴1 000元法定存款准备金至央行,剩下9 000元用于放贷,贷款给了房产开发商,而房产商的账户开在B银行。因此,A银行放款之后,房产商得到9 000元,即B银行此时有存款9 000元。重申一下,前后过程中,

A银行的储户外贸企业一直拥有着存款10 000元。

记录A银行的资产负债表：

资产方——法定准备金1 000元，收息资产9 000元；

负债方——储户外贸企业存款10 000元。

记录B银行的资产负债表：

资产方——法定准备金900元，超额准备金8 100元；

负债方——储户房产商存款9 000元。

（4）在以上步骤中，我们需要整理一下货币所有权的转让流程：A银行贷款给房产商的瞬间，就意味着A银行将之前1万元基础货币中的9 000元的货币所有权转让给了房产商。也就是说，之前1万元基础货币中的9 000元的货币所有权此时被外贸企业和房产商同时拥有；1万元基础货币中剩下的1 000元的货币所有权此时依旧被外贸企业和A银行同时拥有。

（5）当房产商的B银行存款账户由0变成9 000元时，根据货币的双重所有权特性，这9 000元货币的所有权此时被房产商和B银行同时拥有。

（6）注意，关键的来了！在A银行发放贷款的瞬间，9 000元货币的所有权被外贸企业和房产商同时拥有；之后，B银行存款由0变成9 000元，这9 000元货币的所有权还被房产商和B银行同时拥有。也就是说，此时这9 000元货币的所有权被外贸企业、房产商、B银行三方同时拥有，即货币出现了多重所有权特性——货币双重所有权的衍生。

（7）看到这里，读者的思维也许会不再清晰。我们分开来一点一点看：

① 被外贸企业、房产商、B银行三方同时拥有所有权的这9 000元是属于1万元基础货币中的9 000元；

② 1万元基础货币中剩下的1 000元货币所有权依旧被外贸企业和A银行同时拥有（即A银行上缴的准备金）；

③B银行的9 000元派生存款是A银行通过贷款,将1万元基础货币中的9 000元映射在了B银行的账上,甚至可以这么说,B银行的9 000元派生存款是1万元基础货币中的9 000元在B银行账上的"影子",9 000元派生存款的货币所有权被房产商和B银行同时拥有。

(8)9 000元成为B银行存款后,B银行上缴900元至央行,剩下8 100元用于放贷,贷款给了钢材贸易商;钢材贸易商的账户开在C银行,因此B银行放款之后,钢材贸易商得到8 100元,即C银行此时有存款8 100元。重申一下,前后过程中,B银行的储户房产商一直拥有存款9 000元。

记录B银行的资产负债表:

资产方——法定准备金900元,收息资产8 100元;

负债方——储户房产商存款9 000元。

记录C银行的资产负债表:

资产方——法定准备金810元,超额准备金7 290元;

负债方——储户钢贸商存款8 100元。

(9)以上步骤,我们依然分开来一点一点看(下面的内容读起来虽然有些拗口,但是可以清晰地体会到货币的多重所有权特性):

①在这个过程中,通过对外贷款的瞬间,B银行将之前1万元基础货币中的9 000元中的8 100元的货币所有权转让给了钢贸商。也就是说,之前1万元基础货币中的9 000元中的8 100元的货币所有权此时被外贸企业、房产商、钢材贸易商三方同时拥有;

②当钢材贸易商的C银行存款账户由0变成8 100元时,因为货币的双重所有权特性,这1万元基础货币中的9 000元中的8 100元的货币所有权此时被外贸企业、房产商、钢贸商、C银行四方同时拥有;

③1万元基础货币中剩下的1 000元的货币所有权此时依旧被外贸企业

和 A 银行同时拥有(即 A 银行上缴的准备金);

④1 万元基础货币中的 9 000 元中的 900 元货币所有权此时被外贸企业、房产商、B 银行同时拥有(即 B 银行上缴的准备金);

⑤C 银行的 8 100 元派生存款是 B 银行通过贷款,将 1 万元基础货币中的 9 000 元中的 8 100 元映射在了 C 银行的账上,同样可以说,C 银行的 8 100 元派生存款是 1 万元基础货币中的 9 000 元中的 8 100 元在 C 银行账上的"影子",8 100 元派生存款的货币所有权被钢贸商和 C 银行同时拥有。

……

这个循环越往后,基础货币的所有权越具有多重性,而且梳理起来越复杂。不过,还是有规律可循:

(1)每多一轮贷款后,基础货币中的一部分(在上一轮贷款形成的具有多重所有权的那部分基础货币上,再等比抽出一部分)就会多一重所有权。这部分基础货币会在一家新银行的账上形成新的"影子",即派生货币。

(2)在整个央行与商业银行体系中,具备 N 重所有权的基础货币数量=具备 $N-1$ 重所有权的基础货币×(1-存准率),$N \geqslant 3$。

(3)同样,在商业银行上缴至央行存款准备金中,具备 N 重所有权的基础货币数量=具备 $N-1$ 重所有权的基础货币×(1-存准率),$N \geqslant 3$。

(4)贷款形成"影子基础货币"。

①原始 1 万元基础货币存进银行后形成双重所有权,通过第一轮贷款,1 万元基础货币中的 9 000 元映射在了 B 银行账上,形成具有三重所有权的 9 000 元"影子基础货币"。

②通过第二轮贷款,1 万元基础货币中的 9 000 元中的 8 100 元映射在了 C 银行账上,形成具有四重所有权的 8 100 元"影子基础货币"。

③通过第三轮贷款,1 万元基础货币中的 9 000 元中的 8 100 元中的 7 290

元映射在了 D 银行账上,形成具有五重所有权的 7 290 元"影子基础货币"。

④不断的后续贷款,循环到最终,总共形成 9 万元的"影子基础货币"。由此可见,派生货币就是"影子基础货币",而"影子基础货币"就是非基础货币。

⑤根据货币总量计算公式(公式的推导过程见笔者所撰写的《被忽视的货币真相》一书的第三章内容),我们可以写成另外一种形式:

货币总额＝基础货币＋派生货币

　　　＝基础货币＋银行贷款总额

　　　＝基础货币＋非基础货币

　　　＝基础货币＋"影子基础货币"

货币的多重所有权意味着:同样一笔钱,竟然可以被多方同时索取。所以这就更加说明了一件事:银行最担心储户来挤兑。当然,货币的多重所有权特性针对的是基础货币,而且是从整个银行体系的全局角度来考虑的;而货币的双重所有权特性是仅仅从储户和商业银行的局部角度来考虑的,只要发生存款行为,这笔钱立即在储户和银行之间产生双重所有权特性。

经济货币化的世界里,货币是一项重要的财产,但是,这一项财产却拥有双重或多重的所有权!最后想问一声,我们是否生活在一个充满幻觉的货币世界里?

细论货币的流通速度

为讲清货币的流通速度这个概念,需要引进费雪的货币方程式。

100多年前,美国经济学家费雪在他的《货币购买力》一书中提出了著名的费雪货币方程式:$MV=QP$。式中,M 表示货币供应总量;V 表示一定时期单位货币的流通速度;P 表示一定时期内商品和劳务价格的加权平均数;Q 表示一定时期内商品和劳务的交易数量。

由于 P 是加权平均数,所以等式的右边可以具体展开为:

$$QP=Q_1P_1+Q_2P_2+\cdots+Q_nP_n$$

从表达形式来看,如若把一定时期设为一年,则 QP 之值意即 GDP,此时 $MV=QP=GDP$,当 $V=1$ 时,$M=GDP$,货币供应量正好与经济增量相等,没有通货膨胀,物价保持平稳;当 M 不变,$V>1$ 时,由于 Q 不变,从而使得 P 上涨,即物价表现为通货膨胀;当经济增量 GDP 不变,V 越大,M 则越小,这种情况就是说,货币流通速度越高,所需的货币供应总量越低,如同战场上投入的兵力大小一样,一支军队的流转速度越快,其表现的兵力相当于多支军队。

从这里可以看出,货币的流通速度对于通货膨胀具有很大的影响。

有了货币的流通速度这个概念之后,就可以来讨论基础货币的流通速度。

在前文中,我们可以清晰地看到,通过商业银行的贷款机制,基础货币不断地在市场上流动:

(1)第一次 A 银行的贷款,将 10 000 元基础货币中的 9 000 元放款给了房产商,形成 B 银行的存款。只要房产商将这 9 000 元用于支付购买物品,就意味着这 9 000 元流入了市场,引起了市场物价的波动。

(2)第二次 B 银行的贷款,将 10 000 元基础货币中的 9 000 元中的 8 100 元放款给了钢材贸易商,形成 C 银行的存款;只要钢贸商将这 8 100 元用于支付购买物品,这 8 100 元就流入了市场,又引起了市场物价的波动。值得注意的是,第二次流入市场的这 8 100 元是属于先前流入市场的 9 000 元中的一部分。也就是说,作为基础货币的 8 100 元一共流入了市场 2 次! 这一点非常关键!

(3)第三次 C 银行的贷款以此类推。

……

之后其他银行的贷款依次循环。

在这个过程中,循环到最后,我们假设基础货币中的一部分一共在市场上流通了 N 次,并把这部分货币数量记为 m,接下来往前推导,将上述的循环过程往前追溯一次,我们就可以得到,基础货币中数量为 $\frac{m}{1-存准率}$ 的这部分货币一共在市场上流通了 $N-1$ 次,再往前推导一次,可得,基础货币中数量为 $\frac{m}{(1-存准率)^2}$ 的这部分货币一共在市场上流通了 $N-2$ 次,推导至最后,基础货币中数量为 $\frac{m}{(1-存准率)^{N-1}}$ 的这部分货币一共在市场上流通了 1 次。

整体来看,等效于所有的基础货币在市场上流通了多次。下面我们就来求解基础货币总额作为一个整体在市场上的流通次数。

根据 $MV=PQ$,当货币供应总量 M 保持不变、货币的流通速度 V 上升时,物价会表现为通货膨胀,也就是变相地扩张了货币供应总量。换句话说,一定时期内,基础货币在市场上的不断流通,等效于货币供应总量的扩张;由于货币双重所有权的会计记账方式,基础货币每流通一次(其实就是商业银行每发生一笔贷款),广义货币总量就会扩张一次(因为银行贷款形成派生货币,货币总量得以增加),因此,可以有以下计算式:

$$M_{基}\overline{V_{基}}=M_{总} \quad (3-1)$$

(3-1)式中,$M_{基}$表示一定时期内的基础货币总额;$\overline{V_{基}}$表示基础货币总额作为一个整体在一定时期内的平均流通速度;$M_{总}$表示广义货币供应总量,$M_{总}$值可以使用上一节里提到的公式求解出来。由此,我们可以解出全体基础货币的平均流通速度:

$$\overline{V_{基}}=\frac{M_{总}}{M_{基}} \quad (3-2)$$

从(3-2)式中,我们还可以解读到,单就表达式来看,全体基础货币的平均流通速度$\overline{V_{基}}$在数值上正好等于货币体系中的货币乘数。换言之,货币乘数其实就是全体基础货币在市场上的平均周转次数! 这是一个很重要的结论。

当然,(3-1)式和(3-2)式要成立,还有一个前提条件,即在一定时期内,基础货币总量保持不变。这在实际情况中是很难做到的。因此,我们用一定时期内基础货币总量的平均值$\overline{M_{基}}$表示计算式中的$M_{基}$。基础货币每个时间点的精确值可以通过查找央行的统计报表得到,由于决定基础货币数量的机构是中央银行,而央行扩张或收缩基础货币数量的工具都是线性的,比如美联储每月的QE、人民银行的定期逆回购等,所以,基础货币总额的平均值$\overline{M_{基}}$可以表示成:

$$\overline{M_{基}}=\frac{M_{基(期初)}+M_{基(期末)}}{2} \quad (3-3)$$

此时,之前的(3-1)式也可以写成:

$$\overline{M_{基}V_{基}} = M_{总} \tag{3-4}$$

到这里,我们可以将费雪方程式改写成如下形式:

$$M_{总}V = \overline{M_{基}V_{基}}V = PQ \tag{3-5}$$

在(3-5)式中,$\overline{M_{基}}$表示一定时期内的基础货币总额的平均值,其值可由(3-3)式计算;$\overline{V_{基}}$表示一定时期内全体基础货币的平均流通速度,并且其在数值上等于货币体系的货币乘数;$M_{总}$表示一定时期内的广义货币供应总量,其值可以用前述提到的公式求解出来;V表示一定时期内整个货币体系中单位广义货币的流通速度。

为什么"银行不需要存款就可以凭贷款创造存款"是错的

主流金融理论界把当下的货币系统理解成一套纯信用的货币系统,对于这一点并没有什么太大的问题。但是,他们都有一个非常错误的认知:"银行不需要存款就可以凭贷款创造存款。"

我先表明一下自己的观点:我认同后半句"银行发放贷款创造出新增的存款";我反对的是前半句"在不需要存款的前提下,银行依然可以发放贷款"。

(一)起因

凡事都有缘由。

为什么主流金融理论界人士会有"银行不需要存款就可以凭贷款创造存款"这样一个观点?

思来想去,我感觉只有一种可能性,是一个奇怪的现象触动了他们:

——你向银行贷款100万元,经审核后,银行同意发放贷款,于是你账上多了 100 万元。注意,这个时候,整个社会上其他所有人的账上的钱都没有减少。也就是说,与发放贷款之前相比较,整个社会上的钱的总额多了 100 万元,即贷款创造存款。

现在可以明白了,因为他们发现了这个现象,所以,为了解释这个现象,提出了"银行不需要存款就可以凭贷款创造存款"。在他们看来,因为所有储户原先的存款都没有减少,而向银行申请贷款的客户的账上多出 100 万元存款,所以,他们想当然地认为"银行不需要存款就可以发放贷款,而贷款又形成了新的存款"。

诚然,这个观点从表面上看,可以解释上面那个奇怪的现象,但问题在于,这个观点仅仅只能解释这一个现象!而对于其他现象都解释不了,因为支撑这个观点的背后逻辑是错的!

(二)反对理由之一

判断一个观点或一套理论正确与否,重要的是还要看其是否可以解释其他连带的现象。比如,对于"为什么银行会拼命揽存"这个重要现象,此观点解释不了。

——大家都知道,贷款是银行的重要收入来源。也就是说,银行喜欢发放贷款,为自己带来利息收入,并且贷款利率越高越好;相反,存款是银行的一大块成本支出,存款利率越高,银行的经营成本越大。也就是说,银行喜欢降低存款利率。

——如果,银行可以在不需要存款的前提下,就能发放贷款。也就是说,银行可以在无需成本支出的情况,就可以为自己带来收入,那么,为什么银行要拼命揽存呢?而且,在现实中,我们还可以看到,银行都是拼了命地以尽可能提高存款利率的方式揽存！有些银行甚至还会附赠一些物品给储户。银行这么拼了命地自己为自己增加成本到底是为了什么啊？！难道说银行喜欢自己折腾自己？！

——所以，这里面只有一个解释，因为储户的存款是银行发放贷款的资金来源，而贷款是银行的重要收入来源，因此，银行为了尽可能多地发放贷款带来收入，所以要拼命地揽存，并且以不惜提高成本的方式揽存。

——还有一个季度存款指标考核的现象，用他们的观点也无法解释：如果银行可以在不需要存款的前提下，就能够发放贷款，那么，银行完全可以在季度末到期时，通过发放贷款形成新增存款，从而轻松完成存款增长指标，银行何必要去拼命揽存完成指标呢？！明明有轻松完成指标的方法，为什么要使用艰难的方法？！

——我们还可以看到，赞同"银行不需要存款就可以发放贷款"这个观点的，大多都是纯粹搞金融理论的人；与之相对应，大凡有商业银行实务经历的人（不管是一线柜员信贷员还是高管行长银行家）很少会赞同。

（三）反对理由之二

假如"银行不需要存款就可以凭贷款创造存款"的命题成立，那么我们现在来作一个假设：一开始 A 银行的资产和负债都为 0，现在 A 银行发放一笔贷款 10 万元给客户，于是，A 银行资产侧的债权科目为 10 万元，负债侧的客户存款科目也为 10 万元。此时，客户既然得到了钱，客户要求转账 10 万元到 B 银行，那么，这时这家 A 银行可用于转账的 10 万元资金在哪里？

我顺便想问问那些认同"银行不需要存款就可以凭贷款创造存款"的人，在实际银行业务中，当一笔钱从 A 银行转账至 B 银行时，A 银行和 B 银行的资产负债表规模和表内科目是怎么变化的？

我估计这些人当中会有人说：A银行有准备金，A银行会动用准备金为客户转账。

好了，那问题又来了？A银行的准备金是从哪里来的？

这些人一定会这样说：是向央行贷款得来的。比如，A银行向央行贷款10万元（于是，央行资产侧增加10万元，负债侧增加10万元），此时，A银行资产侧的准备金科目为10万元，负债侧的借款科目为10万元，再结合货币乘数的原理（即A银行以准备金为种子货币，通过信用扩张，放大货币总额，这里假设货币乘数为4），于是，A银行资产侧的准备金科目依然为10万元、债权科目为40万元，负债侧的借款科目依然为10万元、客户存款科目为40万元。

那么，我要问的是，既然客户得到了钱，此时客户需要从A银行转账11万元到B银行，A银行除了那10万元准备金可用于转账，另外可用于转账的那1万元在哪里？

不难发现，使用他们所说的银行模型，一旦发生客户的转账行为，这套模型立马会出现兑付崩盘效应。

（四）反对理由之三

既然A银行的准备金来源于央行的贷款，而且从他们的描述中看，央行贷款给A银行10万元，央行是不需要存款的，那么也就可推导出，至少在贷款这个领域，商业银行其实和央行一样，都可以做到"不需要存款就可以凭贷款创造存款"。既然如此，商业银行和央行两者的贷款功能就一样了，那么，要央行干什么？

既然 A、B 作为两家商业银行都可以不需要存款就能发放贷款,那么,A 银行为了获得准备金完全可以向 B 银行申请贷款,何必向央行申请呢?按照他们的理论,我们大家熟知的"准备金"完全可以由商业银行创造出来!

或者我们这样问:如果"银行不需要存款就可以凭贷款创造存款",那么最开始的那笔存款是从哪里来的? 如果最开始的那笔存款也是商业银行贷款创造出来的,那么要央行干什么?

(五)反对理由之四

如果"银行不需要存款就可以凭贷款创造存款",也就是说,所有的存款都来源于商业银行的贷款。既然所有的存款都来源于贷款,大家知道这意味着什么?

这意味着:贷款总额与存款总额相比,其比值≥100%!但是,我们大家都知道,无论哪家银行,贷款总额与存款总额相比,其比值总是远小于100%,一般都在70%左右。例如,贷款总额 70 亿元,存款总额 100 亿元。既然"银行不需要存款就可以凭贷款创造存款",那么贷款总额是 70 亿元,就意味着最多创造出 70 亿元存款,怎么会有 100 亿元?或者这样问,既然有存款 100 亿元,那就意味着至少有 100 亿元的贷款,可为什么贷款总额只有 70 亿元?

(六)反对理由之五

所谓贷款,就是把钱借贷出去。既然是把钱借贷出去,那么,放贷者首先要满足自己手中有钱;假如没钱,怎么可以放贷?

还不理解? 那举个例子:你的一位朋友 A 向你借钱,但你手中没有钱,你与 A 之间怎么发生借贷？当然，你可以说，你可以先向另一位朋友 B 借钱，然后再把钱借给 A。那还是回到那个问题，放贷者必须先要有钱，才可以把钱借贷出去；没有钱，怎么发生借贷？

既然放贷者必须先要有钱，才可以把钱借贷出去，那为什么"银行不需要存款就可以发放贷款"？当然，你可以说：这就是银行的特殊之处，其他人或机构不行，银行就可以！如果是这样，那请问：在你眼里，央行的贷款又是怎么回事？央行的贷款是不是需要存款？如果不需要，那在贷款领域，商业银行和央行又有什么区别？如果是需要的，那问题就严重了：央行发放贷款先需要存款，那这笔存款哪里来？如果是来自商业银行，那就是说，央行贷款需要依靠商业银行！这意味着，央行和商业银行的职能倒换过来了！

顺便希望大家思考这样一个问题：央行发放贷款是不是需要事先手里就有钱？如果需要，那这钱哪里来的？如果不需要，那央行发行货币的机制到底是怎样的？

（七）反对理由之六

他们也知道"准备金"这个词，但他们是否知道"部分准备金制度"这个概念？什么叫作部分准备金制度？这个制度是如何运作的？

他们既然说商业银行的准备金来源于央行贷款，那么，既然是贷款，就有到期的时间。假如 A 银行向央行贷款 10 万元获得准备金，这笔贷款的利率是 3%，期限是 1 年；A 银行获得准备金后，依据货币乘数，放大货币总额，贷款 40 万元，假设利率是 6%，也是 1 年期；那么，1 年之后，这些贷款都要到期。此时，A 银行需要偿还给央行 10.3 万元（10×1.03），向 A 银行借款的客户需要偿还 42.4 万元（40×1.06），即需要偿还的债务总金额加起来一共是

52.7万元（10.3＋42.4）。但是，这个时候，全部的货币一共只有50万元（10＋40），债务总额大于货币总额！这就是债务货币的死结！这点他们为什么不考虑？他们为什么不考虑债务会到期的问题？他们为什么不考虑债务到期需要偿还本金加利息的问题？

也许他们会说：债务到期可以考虑借新还旧。也就是说，要借新债还旧债！但是，就算是借出来的新债把旧债的本金加利息全部还清，那新债也会有到期时！新债到期时，也是需要偿还本金加利息！而由新债创造出来的货币总额依旧小于新债总额，到那时，该怎么办？

如果继续借新还旧，那么，债务将永远无法还清！并且很有可能会陷入庞氏骗局。

有人认为可以用债转股解决问题。那么什么叫债转股？所谓债转股，就是原本作为债权人的银行变为企业的投资人，那么当这家企业出现破产需要债务清算时，原本作为债权人是有优先受偿权的，但现在变成了投资人，那么受偿顺序就要延后。也就是说，所谓债转股，就是债权人原本拥有的请求赔偿的权利级别降低了，相应地，企业的偿还压力减轻了。银行的债权源于其发放出去的贷款。要知道，银行是用储户的钱进行贷款的，因此银行和企业之间的债转股，本质上是储户原本拥有的请求赔偿的权利级别降低了。最后的结局正如会计专家马靖昊在《债转股本质上是在玩资产负债表的把戏》[①]末尾所说："最终化解这些烂账只能是央行多印钞票去稀释。"

[①] 资料来源：http://mp.weixin.qq.com/s?src=3&timestamp=1468977470&ver=1&signature=Wd7−o5l4vjvXbjR4M＊AyHUe−qy6CEKpYdJVa−quG8jCIZBHqrLHnSbZ7n1Rz18LWAKgEvS＊pzT4Iq＊gG8uKAOCWdmh9tjUh3i1pyiZ9jFEX7gqy5tOdnpSmrTbubcNFfvk0nhhCTJZ92X4qyr2UWg＝＝。

(八)总结

这么多疑问同时针对"银行不需要存款就可以凭贷款创造存款"这个观点,足以证明此观点的确存在问题。

对于存款贷款,我的观点很明确:银行在用储户的存款进行放贷,但是在货币的双重所有权作用下,银行的放贷并没有使得原先储户的存款出现减少,反而使得向银行申请贷款的客户的账上出现新增存款,因此货币总额增加,即银行贷款创造存款。

什么意思呢? 这就是:储户存在银行里的这笔钱,既属于储户又属于银行(货币的双重所有权),因此,银行将这笔钱用于发放贷款时,储户并不会减计自己的存款金额,即银行发放贷款时,储户原来的存款不会减少,而获得银行贷款的客户的账上出现了新增存款,所以前后一比较,存款总额增大,货币总额增大了。

美元头寸从未离开过美国

相信很多读者在网上看到过这样一些数据：全世界 2/3 的美元在美国境外流通，世界各国央行的外汇储备 60%～70%都是美元。

既然大多数美元在美国本土以外，这是不是意味着美元的外汇主动权掌握在了非美国机构手里？不是这样的。美元作为国际储备货币，被全球所需求，就算全部在境外流通，美国也绝对掌控着美元的主导权。

事实上，除了美元现钞之外，美元的真实头寸从来就没有离开过美国。很震惊吧，这一点很少有人知道。

那么，外国企业在其本国银行开立的外币账户中的美元是怎么回事？其实，这些账户中的美元只是美国境内美元清算行的镜像数字而已。

美元的清算系统分两种，即用于美国境内清算的 FedWire（美联储转移支付系统）和用于跨国美元结算的 CHIPS（纽约清算所银行同业支付系统），全球跨国美元结算的 95% 交易量都是通过该系统进行的。

参加 CHIPS 系统的银行有两种：一种是清算银行，能直接使用该系统实现资金转移，一般都是美国本土境内的大型商业银行；另一种是非清算银行，不能直接使用该系统进行资金转移，必须通过某个清算银行作为代理行，在该行建立代理账户才能实现资金清算。

第三章 ‖ 对当今货币制度的剖析(二)

下面我们以人民币和美元的贸易清算为例作说明。

中国企业 A 出口货物给美国企业 B,物品总价共计1 000万美元;A 企业开户在中国一家小银行,B 企业开户在美国一家小银行;中国小银行以摩根大通银行作为清算代理行,在摩根大通开设跨国美元清算账户 a;美国小银行以花旗银行作为清算代理行,在花旗开设跨国美元清算账户 b;摩根大通和花旗都是 CHIPS 系统清算银行;1 000万美元的流动,最终等效为由 b 账户划账1 000万美元至 a 账户,完成国际贸易清算。

在这个过程中清晰地看到,余额发生改变的账户都在美国,因此美元的实际头寸没有离开美国,企业 A 虽然在中国本土看到 a 账户上多了1 000万美元,但这1 000万美元却存在美国境内,国内看到的1 000万只是一个镜像数字;由于整个过程只发生支付转移,因此整个美国银行体系的资产负债表没有缩小,而中国银行体系的资产负债表却由于 a 账户的变动瞬间扩张了1 000万美元。这样总体看起来,中美银行体系联合资产负债表增加了1 000万美元。再看中美企业体系,其联合资产负债表没有扩张,因为企业 A 和企业 B 之间进行的是等价等量交换。

中美银行体系联合资产负债表的规模增加了1 000万美元,但中美企业体系联合资产负债表的规模却保持不变。这说明什么？直觉告诉我们,中美货币体系扩张了,也就是说,仅仅是清算系统作了一个支付清算动作,货币扩张了。

是在变货币魔术吗？货币是怎么多出来的？

虽然说中美银行体系联合资产负债表增加了1 000万美元,但是整个中美货币体系根本没有多出1 000万美元,这只是我们的错觉！

我们之所以认为多出1 000万美元的最关键原因就在于:属于中国小银行的 a 账户上的余额多了1 000万美元。可是,需要注意的是,a 账户是开立在摩根大通银行账上的,中国小银行相当于摩根大通银行的储户,a账户上的存款是摩根大通的负债,也是摩根大通的资产。我们说美国银行体系资产负债表保持不变,其实已经把原先不属于但目前已经属于中国小银行的这1 000万美元也计算进去了。

到这里,我们可以明白,这1 000万美元既100%属于中国小银行,又100%属于摩根银行,即两家银行同时拥有对这笔存款的所有权,造成货币的双重所有权特性。为什么会这样?第二章中"熟悉又陌生的存款"中早已提到,将存款列为银行负债的同时,再列为储户货币资金科目的记账方式是不可理解的,因为这样会导致银行(此处指摩根大通)和储户(此处指中国小银行)双方都可以随时动用这笔钱,即同时拥有对这笔存款的所有权。

——这里还要注意一点,由于企业A又是中国小银行的储户,因此根据货币双重所有权原理,这笔1 000万美元的存款又同时属于企业A和中国小银行,如此一来,该1 000万美元的所有权其实是被三方同时拥有:摩根大通、中国小银行、企业A,正如在本章"货币双重所有权的衍生"中所说,货币出现了三重所有权。

我们不能因为摩根大通和中国小银行对同一笔1 000万美元存款同时拥有所有权,所以就宣布存款总量为2 000万美元。这是荒谬的。因此,在上述案例中,整个中美货币体系始终都没有扩张,改变的是:1 000万美元原本仅被美国银行体系拥有,现在被美国和中国银行体系同时拥有。

不过,接下来发生的事情就是货币体系真的扩张了。

假定中国央行在摩根大通内开立了美元清算账户c,由于强制结售汇制度,中国企业A把得到的1 000万美元外汇全部出售给中国央行,即a账户划账1 000万美元至c账户,中国央行得到1 000万美元立即根据当时中美汇率6∶1划出6 000万元人民币给中国企业A在中国小银行开立的人民币账户

a_{RMB}。至此我们明白了,国际贸易净出口额是如何变成央行外汇储备的。

再来分析一下目前中美各自的银行体系和货币体系。

上述例子中,美国银行体系的资产负债表规模依旧不变,因为 a、b、c 账户都开设在美国境内的银行,1 000万美元只是在这三个账户中来回划转而已,金额没有出现增加,因此美国货币体系没有扩张;美元的真实头寸同样也没有离开美国,1 000万美元现在仍旧是中美银行体系同时拥有,即依然保持货币的双重所有权,只不过中国这一方对货币的持有者换了一个主,由中国小银行换成了中国央行;中国小银行资产负债表规模维持不变,只是1 000万美元换成了6 000万元人民币;中国央行资产负债表扩张了1 000万美元,即资产方多了1 000万美元,负债方多了6 000万元人民币,而且是基础货币;由于央行参与进来,中国货币体系这回真的是扩张了,多出的6 000万元基础货币在部分准备金制度下开始信用扩张。

中国央行持有的1 000万美元可以参与美国金融市场交易,比如买入美国国债,体现在央行资产负债表中的变化就是用美元置换成美债,美元流入美国财政部账户,财政部转而用于支付美国庞大的社保开支、债务利息支出、国防支出等。

行文至此,可以总结一下:

第一,所谓跨国美元的流通其实是镜像数字的变动,除了美元现钞以外,美元的真实头寸从来没有离开过美国。热钱流入、美元回流本质上讲都是伪命题,华尔街一直以来都拥有着天量资金。形象点说,美元的灵魂始终在美国,跨境流动的只是美元的躯壳。

第二,跨国美元流通中,虽然两国银行体系的联合资产负债表规模扩张了,但是前后两国货币体系始终都没有扩张,改变的是:交易的美元原本仅被美国银行体系拥有,现在被两国银行体系同时拥有。

第三，一笔钱被双方同时拥有的根源在于将存款列为银行负债的同时再列为储户货币资金科目这种会计记账方式，形成货币的双重所有权特点。

第四，跨国美元的交易只要有别国央行参与进来，就会形成外汇储备，再而形成该国基础货币；此时该国货币体系扩张，形成的基础货币在部分准备金制度下开始该国的新一轮信用扩张。

第五，跨国交易过程中，国际储备货币总额没有变，但是，参与交易的储备货币的所有权由原先被单方银行体系拥有转变为被双方银行体系同时拥有，为全球货币总额扩张埋下了伏笔。

第四章

对当今货币制度的剖析(三)

源于债务的货币

目前全世界整个货币体系的本质就是债务货币系统配合部分准备金制度。部分准备金制度的运作机理,我们在第二章已经详细讨论过,现在来解释一下债务货币系统。

所谓债务货币,概念很简单,即债务产生货币,货币源于债务。

当今很多经济学著作把货币供应的种类分得很细,比如:M_0、M_1、M_2,甚至M_3、M_4等。在我看来,根本不需要如此,因为这样只会导致把问题复杂化。其实很简单,货币的供应就分两种:基础货币和非基础货币。基础货币(也称为高能货币)由央行创造,其创造的过程:央行"买"进国债(或者其他债券),置于资产方,同时释放基础货币,置于负债方。"买"字之所以打引号,原因在于,央行的这一过程实际上是无中生有、点纸成金。非基础货币(也称为派生货币)由银行贷款创造(详细过程见本书第二章内容)。

也就是说,在所有的货币中,基础货币源于国债(或者其他债券),非基础货币源于银行贷款,而国债和银行贷款都是债务。说得具体点,国债是政府对债券认购者的债务,银行贷款是客户对银行的债务。换而言之,央行以债务为抵押发行了基础货币,银行同样以债务为抵押发行了非基础货币,即我们货币体系中的全部货币都源于债务。那么,这种货币体系最终会走向何方?

我们以美元为例来作说明。

自 1971 年 8 月美元与黄金彻底脱钩之后，美元的发行就由黄金本位制变成了国债本位制，即美元基础货币的发行依据是财政部国债，美联储买进多少国债，就发行多少基础货币，每 100 美元的基础货币背后是 100 美元的国债。布雷顿森林体系解体后，全世界许多国家的货币发行都遵循这种制度。

大多数人可能会觉得这样做并没有什么问题，原因在于，他们没有意识到这一点：债务都是要偿还的，而且关键的是，偿还金额是本金加利息，即到期需要偿还的债务总额大于货币总额。

债务的本金产生了货币，那么当债务到期后，利息的来源呢？只能从产生的货币中提取，这样下去，货币的总量就会小于债务总额。

举一个最简单的例子：财政部发行 10 000 美元的一年期国债，利率为 3%，美联储买进后放出 10 000 美元货币；一年以后，债务到期，财政部需要连本带息还 10 300 美元，可是市场上只有 10 000 美元货币，到哪里去找 300 美元呢？由于美元的基础货币发行是国债本位制，所以，财政部需要的 300 美元只能从新增的国债中产生；于是财政部再次发行 300 美元的一年期国债，美联储照单全收，放出 300 美元；此时，市场上共有 10 300 美元货币，财政部全部收回这些货币，还清了前一次的债务；这个时候，要命的是，市场上美元货币已经消失，而债务没有消失，因为第二次的 300 美元债务依然还在。

也许有人会说，这 10 000 美元不是还产生了派生货币吗，可以从派生货币中提取一部分去还国债的本息。问题就出在这里，派生货币本身就是由贷款（债务）产生的，也需要还本付息。

10 000 美元基础货币产生后，经过银行系统运转，以 10% 存准率计算，根据无穷等比数列求和公式计算，总共可生成货币 10 万美元，其中基础货币

1万美元,派生存款9万美元。派生存款由贷款产生,所以贷款共计9万美元。假设9万美元的贷款都是一年期,贷款利率是6%,那么一年后,贷款连本带息共计95 400美元;数量一共是10万美元的基础货币加非基础货币,还清银行贷款后,整个货币系统中只剩下了4 600美元。而在此时,形成基础货币的国债也到期了,连本带息一共10 300美元;10 300大于4 600,即债务总额远大于剩下的货币总量,不够还债了,货币变得"紧缺"了。这时候的经济情况正如同那些主流经济学家所说的"发生了通缩",因此需要货币政策刺激,甚至需要直升机撒钱;不得已,为了还债、为了获得货币,财政部再一次发行国债,美联储收到国债抵押品放出基础货币,基础货币通过商业银行信贷系统产生新一轮派生货币。如此这般,货币与债务持续轮回。

还债需要货币,货币的来源需要债务,因此,要维持这种债务货币系统,就必须不断地发行国债、银行发放贷款,债务规模越来越庞大,还债压力越来越重。很明显,这是一个恶性循环,是一个死结,数学上无解。当债务临近到期还款时,通货会发生一段时期的紧缩,之后为还债,需要增加通货;整个货币系统要付两次利息,一次是基础货币抵押品(国债)的利息,另一次是派生货币抵押品(银行贷款)的利息,都是债务利息,而剩余的债务本金加利息越滚越大,到了临界点,债务系统崩盘,央行出手货币化所有债务,货币系统恶性通胀。对于国家来讲,这个临界点就是国债的利息支出占财政收入的25%;对于企业和个人来讲,这个临界点就是平均的还债成本占到收入的50%。

贴一张世界七大工业国(G7)公债与GDP的比值变化趋势图,如图4—1所示。

从图4—1可知,1971年8月美元与黄金脱钩之前,世界七大工业国于第二次世界大战中累积的债务在金本位的约束下,快速下滑;相反,脱钩之后,

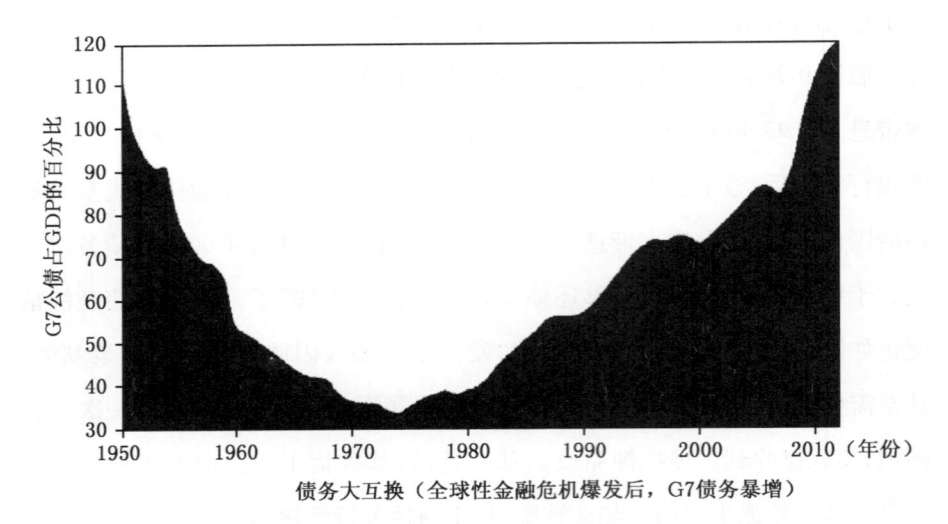

债务大互换（全球性金融危机爆发后，G7债务暴增）

资料来源：美国学者约翰—莫尔丁的著作《终局：看懂全球债务危机》。

图 4—1　G7 公债与 GDP 的比值

在国债本位系统下，债务总额急速上升。两种货币制度孰优孰劣一目了然。根据著名财经网站华尔街见闻（http://wallstreetcn.com）的统计数据，2007年6月—2013年6月，短短6年间，全球各国央行累计进行了512次货币宽松政策（即债务宽松）。由此可以明显看到，从那时起，债务呈暴涨态势。债务的崩盘只是时间问题。

货币制度是如何导致贫富差距的

我们现在已经清楚了部分准备金制度和债务货币系统的运作原理,现在可以来聊一聊贫富差距的问题。

贫富差距加速扩大这一现象早已遍及全球,中产阶级家庭一人工作就能养活全家的美好时代早已一去不复返,无论是发达国家还是发展中国家都无一例外。"富者恒富,穷者恒穷""1％的顶尖富豪占有着全社会20％甚至更多的财富"……此类话总是不绝于耳。

那么,到底是什么原因导致贫富差距正以史无前例的速度在扩大?究其根源,最关键的一点就是全世界各国都实行了债务货币配合部分准备金制度这套金融系统。

这套系统对整个社会的经济至少带来了两个非常不好的后果。

一是通货膨胀。部分准备金制度导致货币扩张速度大于经济发展速度,造成通胀。对应地,中产阶级储蓄就会缩水、购买力减弱,而富人阶层持有的资产价格在上涨。因为物价上升,中产阶级开支增加,富人阶层的被动收入增加,即现金流由中产阶级流向富人阶层。从宏观上看,随着时代发展和科技进步,整个社会财富是在增长的,但中产阶级的财富增长速度没有跟上整体财富的增速,有些甚至还在缩水,即本应属于中产阶级的财富都流向了富人阶层,而这都是拜通胀之功。

二是偿还债务。部分准备金制度配合债务货币系统,导致债务加速扩大,庞大的债务总额(个人债、公司债、政府债)所产生的巨额还债利息正在改变着国民收入的流向;而且整个货币系统要还两次利息,一次是基础货币抵押品(国债)的利息,另一次是派生货币抵押品(银行贷款)的利息。债务货币系统的债权人正是超级富人阶层,而作为债务人的中产阶级的财富遭受血洗。

贫富差距的拉大还有一个重要因素:税负。富人阶层可以通过创立公司、设立基金会、聘请税法律师会计师、转移资产到离岸避税岛等措施将税负降到最低,中产阶级只能老老实实缴税、被课税。马克-吐温说得好:"人从生下来开始,两件事永远无法逃脱,那就是死亡和缴税。"

因为通胀、债务、税负的存在,中产阶级的收入增加速度永远赶不上货币扩张的速度,部分准备金制度和债务货币系统不消亡,中产阶级规模就会不断萎缩,直至消失。到这个点上,富人阶层最终也是自取灭亡。话虽重了点,但这是经济规律。

各种货币名称的辨析

(一)为什么会有基础货币和广义货币之分

只要稍稍学过点货币金融学知识的人,都知道"基础货币"与"广义货币"这两个概念。但是大家有没有想过这样的问题:货币为什么要分成基础货币和广义货币?在有基础货币这个概念之前,货币是怎么分类的?

可以这么说,在部分准备金制度出现之前,其实没有基础货币和广义货币之分。货币发行方就是有多少抵押物发行多少货币,也就是说:在部分准备金制度出现之前,货币只有基础货币一种。等到部分准备金制度出现后,银行用储户的存款进行放贷从而产生派生存款,由此出现了广义货币的概念。甚至我们可以这么理解:在货币当局发行的货币之外的货币相当于广义货币。需要说明的是,这样的理解只是从概念上对基础货币和广义货币作一个区分,实际上,精准而严格的表达是这样的,广义货币=基础货币+派生货币。

广义货币,这个名称本身其实就是货币正在超发的极好证明;当然,在部分准备金制度下,广义货币也可以从银行中取出,一旦取出,广义货币立刻变成现钞形式,成为基础货币,因为基础货币包含了央行发行的所有纸币。根据IMF《货币与金融统计手册》(2002年版)的定义:基础货币=流通于银行体系外的纸币+银行现金库存+法定存款准备金+超额存款准备金。

在中央银行出现以前,单家商业银行也曾独自实行过部分准备金制度,但是,那会使这家商业银行在面临储户挤兑时快速进入破产,促使部分准备金制度崩盘。14～16世纪意大利、西班牙的银行业正是如此,但令人遗憾的是,我们的经济学家们没有从中找到问题的真正根源,而是产生了一种极其错误的观念——"因为银行破产导致经济萧条,所以需要一家中央银行"。中央银行的存在只会延缓部分准备金制度崩盘的时间,实际上,银行破产、经济萧条的根源就在于实行部分准备金制度。

如今,全球所有国家的银行体系都在实行"中央银行+部分准备金制度",而且在这个错误之上,又犯了另一个毛病:以债务为抵押发行货币,即货币源于债务。当债务到期时,会出现债务总额大于货币总额,货币不够还债了;为得到足够的用于偿还的货币,以债务为抵押再次发行新货币;如此不断循环,直至最后一个环节:新增出来的货币正好等于存量债务的利息,此时,整个债务货币系统彻底崩盘。

当然,实际情况很可能在系统发生崩盘之前央行会采取极端措施:债务危机所形成的通缩压力促使各国央行货币化全部债务,也就是所有的货币(包括广义货币、影子货币)都成为基础货币,央行资产负债表猛烈扩张、恶性通胀。所有债务在通胀中一笔购销,财富发生转移。

(二)money 和 currency

英文单词 money 和 currency 都可翻译为"货币",那么,"基础货币""广义货币""派生货币""电子货币""纸币""硬币""金钱""金本位下发行的纸币",这些有关货币的中文名称分别对应 money、currency 这两个单词中的哪一个?

在辨析之前,先要明确一点,即我们是从货币的性质入手,判断其属于 money 还是 currency,而不是从其字面意义入手翻译成英文。什么意思呢?举个例子,"基础货币"这个中文词若按字面意义翻译成英文,可以有三种不同的表达:base currency、base money、the monetary base,但是,在当今债务本位的货币制度下,"基础货币"的货币性质属于 currency。我们对问题中各种货币名称的判断均基于这一点。

货币从广义概念来讲,属于 money,反过来说,money 是货币的通用英文单词,金钱(金银)属于 money,而且只能用 money 翻译金钱。货币和金钱都可以用 money 这个单词来表达,其背后的原因在于——货币天然是金银。

在当今债务本位的货币制度下,创造出来的任何形式的货币,其性质严格地讲,都属于 currency。currency 的词根是 current,意为流通的、流动的,一旦退出流通领域,currency 的价值立即变为零。currency 的最大特点在于:由政府法律强制规定流通。因此一开始提出的问题中出现的"基础货币""广义货币""派生货币""电子货币""纸币""硬币"都是 currency。

金本位制度下发行的纸币属于 money 还是 currency,这要看金本位制度的执行情况。金本位制度的本质就是货币发行方有多少实体黄金,就发行多少纸币,纸币和黄金有一个固定兑换值,并且对外公开承诺,该纸币持有人可以无条件地向货币发行方兑换黄金。如果这种纸币可以随时按照一个固定值兑换到实体黄金,则属于 money;反之,则属于 currency。比如,1971 年 8 月 15 日布雷顿森林体系瓦解之前,美元属于 money,因为那时候的美元可以按照 35 美元 1 盎司的价格向美国财政部兑换黄金,美元和黄金一样可靠有信用,持有美元如同持有黄金,美元被称为"美金"也由此而来;但是,在那一

货币原本 ‖ *The Principle of Money*

天之后,美元却属于 currency。原因很简单,持有美元的人再也不能向美国财政部兑换黄金了,美元已和黄金脱钩,美元的发行抵押品由黄金变成了国债。

被膨胀的通货

我想,你一定是首次听到"被膨胀的通货"这一说法。

绝大多数人都认为,"通货膨胀"是一个固定词,是不能拆分的。其实"通货膨胀"是一个词组,一个主谓词组,意即:通货在膨胀、货币在膨胀、货币在扩张、货币在超发。

正是因为通货在膨胀,所以物价在上涨;因此,通货膨胀是因,物价上涨是果。

把通货膨胀造成的结果当成通货膨胀的定义,这简直是倒果为因!这也是当前奉行的主流经济学理论中最为荒谬的观点。奥地利学派经济学家米塞斯曾经说过"经济学的主要任务之一是揭发通货膨胀的基本谬论,从约翰—劳到凯恩斯,许多人的思想都受到这些谬论的蒙蔽"。

现在通货膨胀的定义已经确定,接下来的任务就是揭示:

通货是怎么发生膨胀的?或者说,是谁在让通货产生膨胀?通货,一个没有生命的物件,你放在那里不动它,它怎么会膨胀呢?通货在膨胀,是哪个人或哪个机构的动作,导致通货在膨胀?

现今的货币制度下,通货分两大类:基础货币和非基础货币。

懂得一些货币银行学概念的人会问:货币不是分成 M_0、M_1(狭义货币)、

M_2（广义货币）、M_3（更广义货币）吗？怎么会分成基础货币和非基础货币了？

我可以告诉你的是：把货币分成 M_0、M_1、M_2、M_3 只会让你对货币的认识更加模糊，而且各国对统计 M_0、M_1、M_2、M_3 的口径都不太一样（尤其是 M_2、M_3），这会造成进一步的认知混乱。

当然，没有学过一星半点货币银行学理论的人会问：什么叫基础货币？什么叫非基础货币？

答案很简单：由央行发行的货币就是基础货币，由商业银行贷款形成的货币就是非基础货币；所以，所谓的通货在膨胀，具体来说就是，央行膨胀了（扩张了）基础货币，商业银行膨胀了（扩张了）非基础货币。

爱思考的读者会继续问下去：那央行是怎么发行基础货币的？商业银行又是怎么通过贷款形成非基础货币的？

很好，如果搞清楚了基础货币的发行机制和非基础货币的形成机制，那么就明白了：基础货币是怎么被膨胀的，非基础货币又是怎么被扩张的。

央行是怎么发行基础货币的呢？

很简单，央行如需发行基础货币，就必定需要相应的资产，这些"相应的资产"列在央行资产负债表的资产侧，发行出来的"基础货币"列在央行资产负债表的负债侧。或者我们可以这样理解，央行用发行出来的基础货币"买"进了相应的资产。举个例子：假设 AB 两国的两种货币汇率是 6：1，A 国某企业通过外贸赚了一笔外汇，是 1 亿元 B 币，A 国央行为了"买"进这笔外汇，于是发行了 6 亿元 A 币，于是 1 亿元 B 币列在 A 国央行资产侧，6 亿元 A 币列在 A 国央行负债侧。也正因为此，A 国央行的资产负债表规模扩张了 6 亿元 A 币。央行除了通过"买"外汇发行基础货币之外，还可以通过"买"国债发行基础货币、通过"买"商业银行的信贷资产发行基础货币，甚至可以通过

第四章 ‖ 对当今货币制度的剖析(三)

"买"石头发行基础货币。现代货币制度下的央行就是这样具有点石成金的能力,所以"买"字打引号。

爱思考的读者也许还会继续问下去:那么,例子中的这家企业将 1 亿元 B 币的外汇"卖"给了央行,自己获得了 6 亿元 A 币,这 6 亿元 A 币又在哪里呢?

非常好。其实很简单,这 6 亿元 A 币就躺在该企业开设在 A 国某商业银行的账户上。

于是,问题就来了,商业银行是如何通过贷款形成非基础货币的呢?

这个问题的回答,可以说比较复杂,但再复杂的问题,也会有一个简单的切入口。这个切入口就是:你把钱包里的钱存进商业银行,那么,去银行存钱这种行为,意味着你是把这笔钱交给银行保管呢还是把这笔钱借给银行?即存款这种行为到底意味着什么?本书第二章的"熟悉又陌生的存款"正是撕开这个切入口的最关键一步。

但凡学习货币理论的人普遍反映:理解货币好难,理解金融系统好难。其实他们之所以感到理解困难,是因为他们找不到一个切入口,如今这个切入口已经找到。如果我们把当今的货币制度比作一个堡垒,那么这个切入口正是这座堡垒的薄弱环节,集中力量攻击这个薄弱环节,由点及面扩散开来,最终堡垒会被攻克。

第五章

构建一套诚实健康自由的货币系统

再论货币的四个基本法则

经过前述各章的论述,我们全面剖析了当今货币制度的错误之处,详细阐述了由此造成的许多经济上的负面影响。

还记得第一章提出的四个货币基本法则吗?

现在让我们来总结一下当今的这套货币系统是如何违反这四个基本法则的。

先把四个货币的基本法则回顾一下:

法则一　货币的所有权和使用权不可分离。

法则二　货币只有唯一所有权,不存在双重或多重所有权。

法则三　因货币而产生的债权债务关系必须相生相灭。

法则四　货币或货币的抵押品必须具备财货属性。

我们如今的这套货币制度最先开始违反的是法则二:产生了货币的双重所有权。

对于存款,储户把钱存入银行,按照保管方式记账,即储户没有失去对存款的所有权;但是,银行却把储户的存款按照借贷方式记账,即通过借款将储户对存款的所有权转让给了银行。这样的一种记账方式,很明显产生了货币的双重所有权,即储户和银行双方都可以随时动用同一笔钱。

之后违反了法则三:产生一笔债务,但没有对应的债权。

因为银行按照借贷方式记账,将储户的存款记在了负债项下,即银行拥有了一笔债务;可是,储户却没有按照借贷方式记账,而是按保管方式记账,即储户的债权科目没有相应的增加。很明显,这样的一种记账方式使得银行多了一项债务,但储户却没有产生相应的债权。

接下来违反的是法则一:认为货币的所有权和使用权可以分离,理论上的错误认知引发经济实践过程中的负面影响。

银行有了存款之后,将储户的钱用于自由放贷;在这个过程中,绝大多数人包括很多经济学家都认为,银行在行使储户存款的使用权而非所有权,银行贷款造成广义货币增加是因为货币使用权的扩张。事实上,对于货币,不存在可以独立于所有权之外的使用权,这一点明显不同于其他物品(比如汽车,其所有权和使用权是可以分离的)。从会计上看,仅仅拥有汽车使用权的人,他的资产负债表规模和表内会计科目是不会变化的。但是,一笔存款进入银行,如果银行仅仅拥有货币的使用权,为什么银行的资产负债表规模发生了扩张,并且表内科目发生了剧变?这个违背常理的现象反过来证明,对于储户存款,银行拥有的是所有权,银行放贷其实是在行使所有权;再者,在没有储户的任何指令下,银行能将储户的存款自由放贷,这清楚地证明,银行已经充分拥有了储户存款的所有权。因此,所谓的"银行贷款造成广义货币增加",其内在的真正原因是"货币所有权的扩张",即基础货币形成了多重所有权,每多一重所有权,会计上表现为整个银行体系资产负债表规模的扩张。如果你对这个结论还不完全理解,建议再次细读一下本书第三章中的"货币双重所有权的衍生"。

同时违反法则一、二、三,造成的结果就是为部分准备金制度的实行铺了路,其中的核心条件是货币的双重所有权特性。银行只要留存一小部分存款

第五章 ║ 构建一套诚实健康自由的货币系统

应对储户的提现,而后在货币双重所有权的环境下,行使所有权将剩下的储户存款放贷出去形成其他银行的存款;但储户并没有因为银行放贷而减记自己的存款,依然可以行使所有权提取原有数量的存款;而此时由于贷款形成了新增存款,整个银行系统的总存款数量得以增加,这意味着在此过程中货币扩张了,即发生了通货膨胀。

最后违反的是法则四:以债务为抵押发行货币。

当下的货币系统,货币的抵押品是债务。具体来说,基础货币的抵押品是国债,非基础货币的抵押品是银行贷款,国债和银行贷款都是债务,而债务是不具有财货属性的。数量上,货币等于债务本金,但是由于债务利息的存在,到债务临近到期时,必然会出现货币总额小于债务总额的尴尬局面。偿债会引起通缩,而债务的压力势必会催生大量货币需求,由于货币的产生和债务进行了捆绑,因此在满足了大量货币需求的同时,债务也会相应增长,形成恶性循环。这个纠结的状态在数学上无解。

一个完好的、健康的、稳定的货币系统需要同时满足上述四个基本法则。这四个基本法则就像一张桌子的四条腿,少了其中任何一条,桌子就站不稳;四条如果都缺失,桌子则完全着地,相当于整个货币制度的垮台。

货币制度可以说是现代文明中一项最根本的社会制度。大家想象一下,如果在某个时刻,货币突然间从我们身边消失了,那会发生什么事情?——所有的交易都无法顺利进行,整个社会的运转将会变得混乱无序。举一个最简单的例子:你即便是买一片面包,也必须要拿出你身边拥有的某件等值物品去和商家作交换,关键是商家也正好需要你提供的这件物品,太复杂了。可想而知,在这种情况下,整个社会的交易效率会降低到什么程度,简直返回到了石器时代。正因为如此,货币制度不但是一项最根本的制度,更是一项最精髓的制度,甚至可以说是构建现代文明的基石。所以,我们必须要研究好这块基石、建设好这块基石。

可如今,这块基石早已不再稳健。目前的债务货币配合部分准备金制度这套系统,自1971年以来已经运行了整整45年,将近半个世纪,系统的地基早在2008年全球金融危机时就出现了嘎吱嘎吱的破裂声响。这是崩盘的前兆,是到了该重整的时候,我仿佛看到一个全新的货币系统隐约出现在了地平线上。

货币的伦理规范

我们到底需要一种什么样的货币？

这个看似非常复杂的问题，其实很简单，只要反问一个问题就可以了：假如我们身边有两种货币可供我们自由选择，其中一种货币的购买力每年持续贬值，而另一种货币的购买力常年维持坚挺，由于这两种货币可供我们自由选择，所以，你会选哪一种货币？毫无疑问，大家一定会选择购买力稳定的第二种货币！

于是，随之而来的问题就是：一种什么样的货币系统会产生出购买力稳定的货币？——诚实、健康、自由的货币系统。

几乎所有的事情都可以分成三个小问题：是什么（定义）、为什么（目的）、怎么办（方法）。

所以我们先来看什么是诚实、健康、自由的货币系统。

所谓诚实，是指不要实行部分准备金制度。因为在部分准备金制度下，放贷者其实是在挪用本属于存储方的资源为自己带来收益。

所谓健康，是指以实际财货为抵押发行货币，不要以债务为抵押发行货币。

所谓自由，是指发行货币的抵押财货具有统一的标准，任何机构都可以按此标准发行货币,更重要的是,持币人可以随时向货币发行方自由地兑换抵押财货。这是一种刚性的监督机制,制约着货币发行方滥发货币的贪念。

那我们为什么要构建这样一套诚实、健康、自由的货币系统?

很简单,为了不产生通货膨胀、为了保持稳定的货币购买力。

我要再次重申一下通货膨胀的定义。所谓通货膨胀,这是一个主谓词组,意即:通货在膨胀、货币在膨胀、货币在扩张、货币在超发。正是因为通货在膨胀,所以物价在上涨;因此,通货膨胀是因,物价上涨是果。但现在很多人把通货膨胀造成的结果当成通货膨胀的定义,这简直是倒果为因!

所谓购买力稳定,是指无论过去、现在、将来,同等数量的货币都可以买到同等数量的商品和服务;或者说,同等数量的货币,现在可以买到的财货数量,不会少于过去可以买到的财货数量。

一套货币系统具备了诚实、健康、自由这些特点,那么,在这套货币系统下发行出来的货币的购买力就是稳定的。

货币是经济的基础,货币好,则经济好;货币坏,则经济坏。

很多人都说"货币是中立的",无所谓"好"与"坏"。在我看来,如果抛开货币的发行机制不谈,仅仅谈论"货币是否中立"是不对的,至少是不完整的。好的货币系统产生好货币,相应地,坏的货币系统产生坏货币。

那么,这里的"好"与"坏"如何定义?一个诚实、健康、自由、购买力稳定的货币系统就是好的货币系统;反之,则是坏的货币系统。

接下来的内容,就是详细告诉大家:如何构建这样一套货币系统。

一套不会产生通货膨胀的货币系统及其运行细则(上)

设计一套不会产生通货膨胀的货币系统,需要遵循的准则很简单:不要使用产生货币双重所有权的会计记账方式,严格界定好财产所有权的归属,废除债务货币系统,摒弃部分准备金制度。我们可以发现,其实这些准则的背后所依据的正是货币的四个基本法则。

具体来说要做到:

(1)中央银行发行货币的抵押品绝不能用债券的形式,抵押品必须具备财货的属性,并且央行只保留帮助各银行之间进行资金支付清算的功能,其他功能诸如制定货币政策、利率政策等一并去除;

(2)银行对储户的活期存款必须100%准备,或者说活期存款列入银行表外资产,储户支付给银行管理费;

(3)定期存款可以记在银行负债项下,而且银行要明确告知储户,定期存款其实是定期"借"款,利率要和储户商议;

(4)储户只有在定期存款到期后才可取出,否则会失去部分本金;

(5)银行贷款的资金来源构成:银行自有资金和储户定期存款;

(6)向银行申请贷款者,将资产抵押给银行,如若贷款出现坏账,抵押资产变现后,按照该笔贷款中银行自有资金和储户定期存款的出资比例进行相应的清算,即贷款风险由银行和储户共同承担。从这个意义上说,储户的定期存款其实是一种投资行为。

不过,以上只是一个框架设计,没有具体的实务操作细则。

下面我们就依照这个框架,设计出一整套全新的货币金融系统的运行细则。

中央银行(中央结算银行)

中央银行这个机构可以保留,但其职能不再是"最后贷款人",不必关注商业银行是否破产倒闭,也无需制定各种货币政策,仅仅保留帮助各银行之间进行资金支付清算的功能。说穿了,相当于现在的银联机构。从功能上说,此时的中央银行其实可以改称为中央结算银行。

还是由央行发行货币,货币的抵押品必须具备财货属性,有多少财货就发行多少货币。以黄金为例作说明,比如,设定1克黄金对应发行100元货币,则1吨黄金对应发行1亿元货币。假如央行一共有3 000吨黄金,那么央行总共可以发行3 000亿元的货币。

央行可以继续使用资产负债表,但由于央行只剩下资金清算的功能,因此这时的资产负债表对央行来讲,只是用来计算资金的轧差是否正确,已失去原有的意义。作为抵押品的财货列在资产方,发行出来的货币列在负债方;发行的货币又分为两个小科目,即纸币现金(包括硬币)和账户货币(或称为非现金货币、电子货币),一旦社会上对纸币的需求大于现有的纸币数量时,由账户货币中的一部分转变为纸币。

第五章 ‖ 构建一套诚实健康自由的货币系统

需要注意的是，只要没有人拿手中的货币来央行要求兑换财货，或者换句话说，央行不回收货币，那么央行发行的货币总金额一直保持不变。

还有很重要的一点，假使有人拿着纸币来到央行要求兑现，央行则依据纸币的金额必须无条件地兑换相应的财货，以满足持币人的自由兑现要求，当然央行资产负债表此时也要做好等量的减记。仍旧以黄金为例作说明，有人拿着10 000元纸币要求兑换；央行收进这10 000元纸币，拿出100克黄金。于是，央行资产方的"财货"科目减少100克黄金，负债方的"发行货币"科目减少10 000元。

之后的论述中，我们需要设定以下几个会计准则：

(1)储户（包括自然人、企业）的资产方科目中，原来的"货币资金"科目拆分为"纸币现金"和"货币资金"两个新科目，即新的"货币资金"科目仅仅是指储户的账户货币。

(2)所有储户的资产方科目中，"纸币现金"新科目的总金额就是流通于银行体系之外的现金数量，即现有货币理论中的 M_0 之值。

(3)储户的资产方科目中，但凡涉及随时可动用的货币资金科目，一律由储户的开户商业银行列在其表外资产科目。

(4)储户（非存款金融机构）的表外资产方科目中，但凡涉及随时可动用的货币资金科目，一律由储户的开户商业银行列在其表外资产科目。

(5)商业银行的资产方和表外资产科目中，但凡涉及随时可动用的货币资金科目，一律由央行列在其表外资产科目。

这样，在央行的表外资产科目中，所有具备货币资金性质的科目再加上流通于银行体系之外的现金数量的总金额一定等于央行负债项下"发行货币"科目的金额。可以看出，这样的设计使得整个货币系统中只有基础货币，不存在广义货币；同时还有利于以后的审计检查：如果出现两者金额不一致，表明一定存在哪家商业银行没有实行全额存款准备，或者没有按照规则记账。

表 5-1 显示的是全新规则下央行资产负债表和表外资产方的科目。

表 5-1　　　　　　　　央行资产负债表和表外资产方科目

央行资产负债表		表外资产方
资产方	负债方	
财货	发行货币	商业银行的自有资金
	纸币现金（包括硬币）	商业银行的储户储蓄资金
	账户货币	商业银行的储户借贷资金
其他资产	其他负债	其他金融机构受托保管客户资金
		其他表外资产

从表 5-1 中，我们可以总结出以下两个公式：

(1) 纸币现金＝商业银行体系内的现金＋商业银行体系外的现金

＝商业银行体系内的库存现金＋商业银行体系外的流通现金

＝纸币现金（隶属于商业银行的储户储蓄资金）＋M_0

(2) 财货数量（资产）＝发行的货币（负债）＝货币总量

＝纸币现金总金额＋账户货币总金额

＝商业银行体系外的流通现金（M_0）＋商业银行的储户储蓄资金＋商业银行自有资金＋商业银行的储户借贷资金＋其他金融机构受托管理客户资金

一套不会产生通货膨胀的货币系统及其运行细则(下)

商业银行与储户

先给出两张表,分别显示了在全新规则下,商业银行资产负债表和表外资产方的科目、储户资产债表的科目(见表5-2与表5-3)。

表5-2　　　　　商业银行资产负债表和表外资产方科目

商业银行资产负债表		表外资产方
资产方	负债方	
自有资金	借款	储户储蓄资金
账户货币		纸币现金(包括硬币)
储户借贷资金		账户货币
债权投资		其他金融机构受托保管客户资金
其他资产	所有者权益	账户货币
		其他表外资产

表 5—3　　　　　　　　　　储户资产负债表科目

储户资产负债表	
资产方	负债方
纸币现金(包括硬币)	借款
货币资金	
账户货币	
债权投资	
股权投资	
其他资产	所有者权益

根据这两张表,我们来一一解读。

银行的"自有资金"(或称为银行资本金)存放于央行表外资产的"商业银行的自有资金"科目中(其实没有存放,而是央行根据商业银行的"自有资金"金额在其表外资产中记了一笔账)。也就是说,对于这笔钱,商业银行和央行之间签订的是不规则存管合约。商业银行的"自有资金"都是账户货币,列在资产方。

关于在银行开户。自然人、企业带好相关证件或证明材料来银行开立账户成为银行储户;一旦开立,新规则下,储户将同时拥有两种性质不同的账户:一种是储蓄账户,另一种是投资账户。

一是关于储蓄账户的运行细则。

(1)一旦开立储蓄账户,储户和银行相互之间就签订了一份不规则存管合约。

(2)储户储蓄账户中的资金就是储户资产方的"货币资金",列在银行表外资产方的"储户储蓄资金"科目中(该科目又分成"纸币现金"和"账户货币"两个小科目)。

(3)这里要注意,储户资产方的"纸币现金"科目是指流通于银行体系以外的纸币现金,其概念等同于现有货币理论中的M_0,而银行表外资产方中"储户储蓄资金"下的二级科目"纸币现金"是指储户存进银行的现金。

(4)银行表外资产方中"储户储蓄资金"这个科目中的资金同时又列在央行的表外资产方的"商业银行的储户储蓄资金"科目中,组成一个资金池,用于储户之间的转账。央行正是根据储户的转账指令,动用了这个资金池,实现资金清算支付的功能。

(5)储户到银行可以凭密码校验随时查看、提取、转移支付里面的金额。

(6)这种储蓄账户有点类似于现有货币系统中的银行活期存款。

(7)不过,对于该储蓄账户,银行会定期扣减资金保管服务费。这笔服务费进入到银行的"自有资金"科目中。

(8)假如银行破产倒闭,由于储户和银行签订的是保管性质的合约,因此储蓄账户中的所有资金会完好无损地转账至另一家银行,形成该储户新的储蓄账户。

(9)储户从银行提取现金1 000元,储蓄账户减少1 000元,涉及的会计科目产生如下变化(这里不使用借贷复式记账方式进行描述,因为专业性很强,而是采用容易被大众理解的收付记账方式):

①储户资产方的"货币资金"科目减少1 000元,"纸币现金"科目增加1 000元。

②银行表外资产方中"储户储蓄资金"下的二级科目"纸币现金"减少1 000元。

③央行表外资产方的"商业银行的储户储蓄资金"减少1 000元。

(10)储户将1 000元现金存入银行,储蓄账户增加1 000元,涉及的会计科目产生如下变化:

①储户资产方的"货币资金"科目增加1 000元,"纸币现金"科目减少

1 000元。

②银行表外资产方中"储户储蓄资金"下的二级科目"纸币现金"增加1 000元。

③央行表外资产方的"商业银行的储户储蓄资金"增加1 000元。

(11)储户从银行转账出去1 000元,储蓄账户减少1 000元,涉及的会计科目产生如下变化：

①储户资产方的"货币资金"科目减少1 000元,负债方的"所有者权益"科目减少1 000元。

②银行表外资产方中"储户储蓄资金"下的二级科目"账户货币"减少1 000元。

③央行表外资产方的"商业银行的储户储蓄资金"减少1 000元。

(12)其他人从另外一家银行转账给储户1 000元,储蓄账户增加1 000元,涉及的会计科目产生如下变化：

①储户资产方的"货币资金"科目增加1 000元,负债方的"所有者权益"科目增加1 000元。

②银行表外资产方中"储户储蓄资金"下的二级科目"账户货币"增加1 000元。

③央行表外资产方的"商业银行的储户储蓄资金"增加1 000元。

(13)银行对储蓄账户扣减资金保管服务费10元,储户的储蓄账户减少10元,涉及的会计科目产生如下变化：

①储户资产方的"货币资金"科目减少10元,负债方的"所有者权益"科目减少10元。

②银行表外资产方中"储户储蓄资金"下的二级科目"账户货币"减少10元。

③央行表外资产方的"商业银行的储户储蓄资金"减少10元。

④银行资产方的"自有资金"科目增加10元,负债方的"所有者权益"科目增加10元。

⑤央行表外资产方的"商业银行的自有资金"增加10元。

二是关于投资账户的运行细则。

(1)投资账户,其实就是储户把钱从储蓄账户划到该账户,借给银行,让银行有权用这笔钱自由放贷。

(2)投资账户的金额变动对储户而言是看不到的,是银行的内部账户。

(3)储户想把钱划给该账户,必须先和银行之间签订书面的借贷合约(银行是借款人),借贷的利率和期限由储户和银行自行商议。

(4)假设借贷合约签订后,银行向储户借款10万元,借贷期限是一年,借贷利率是10%。储户把10万元从储蓄账户划至投资账户,涉及的会计科目产生如下变化(商业银行、央行的各种表外科目引起的连带变化,从此处开始不再赘述):

①储户资产方的"货币资金"科目减少10万元,资产方的"债权投资"科目增加10万元。

②银行资产方的"储户借贷资金"科目增加10万元,负债方的"借款"科目增加10万元。

(5)银行资产方"储户借贷资金"科目中的资金同时又被央行列在其表外资产的"商业银行的储户借贷资金"科目中。

(6)银行的"自有资金"和"储户借贷资金"两大科目一同构成银行对外发放贷款的资金池。

(7)借贷期限一旦到期,借贷合约注销,涉及的会计科目产生如下变化:

①银行资产方的"储户借贷资金"科目减少10万元,负债方的"借款"科

目减少10万元。

②储户的储蓄账户增加10万元,储户资产方的"货币资金"增加10万元,资产方的"债权投资"科目减少10万元。

③因为银行要偿还利息给储户,其资产方"自有资金"减少10 000元,负债方的"所有者权益"减少10 000元。

④储户的储蓄账户增加10 000元,其资产方的"货币资金"科目增加10 000元,负债方的"所有者权益"增加10 000元。

(8)借贷期限未到期时,储户一般不可要求偿还,如强制要求偿还,则会损失本金,并且需提前通知银行。如果是代理人来经办,还需出示储户的委托授权书。

三是新货币金融系统下,向银行贷款的运行细则。

(1)借款人在该银行开立好储蓄账户,当然伴随着的投资账户也同时开好(虽然这里的业务中使用不到)。

(2)与银行签订借贷合约(银行是放款人),假设借款人向银行贷款100万元,借贷期限是一年,借贷利率是12%。银行放款之后,借款人的储蓄账户立刻增加100万元,涉及的会计科目产生如下变化:

①银行资产方的"自有资金"或"储户借贷资金"科目共计减少100万元,比如:"自有资金"科目减少30万元,"储户借贷资金"科目减少70万元。

②银行资产方的"债权投资"科目增加100万元。

③该借款人的资产方的"货币资金"科目增加100万元,负债方的"借款"科目增加100万元。

(3)贷款到期后,借款人偿还贷款本金,该借款人的储蓄账户减少100万元,涉及的会计科目产生如下变化:

①借款人资产方的"货币资金"科目减少100万元,负债方的"借款"科目

减少 100 万元。

②银行资产方的"自有资金"或"储户借贷资金"科目共计增加 100 万元，比如："自有资金"科目增加 30 万元，"储户借贷资金"科目增加 70 万元，与之前因放贷而减少的金额分别保持一致。

③银行资产方的"债权投资"科目减少 100 万元。

（4）由于还要偿还利息，所以该借款人的储蓄账户还要减少 12 万元，涉及的会计科目产生如下变化：

①借款人资产方的"货币资金"科目减少 12 万元，其负债方的"所有者权益"减少 12 万元。

②银行资产方的"自有资金"增加 12 万元，其负债方的"所有者权益"增加 12 万元。

（5）如若银行的对外贷款出现坏账，将该笔贷款的抵押资产变现后，按照贷款中银行"自有资金"和"储户借贷资金"的出资比例进行相应的清算，即贷款风险由银行和储户共同承担。严格来说，储户的身份此时是投资者，投资账户的称谓也由此而来。储户为了让自己的储蓄资金获取收益，与银行商定利率后，将资金借给银行，银行拿到资金后又以更高的利率借贷出去，投入到实体经济中去。

（6）假如银行破产倒闭作清算时，在支付清算费用、所欠职工工资和劳动保险费用后，应当优先支付储户借给银行的本金和利息，也就是与"储户借贷资金"科目相关的本金和利息。

其他金融机构

其他金融机构是指非存款金融机构，主要包括：证券公司、保险公司、信托机构、资产管理公司、交易所机构等。

表5-4显示的是在新货币金融系统下，其他金融机构资产负债表和表外资产方的科目。

表5-4　　　　其他金融机构资产负债表和表外资产方科目

其他金融机构资产负债表		表外资产方
资产方	负债方	
纸币现金(包括硬币)	借款	受托保管客户资金
货币资金		账户货币
账户货币		
债权投资		其他表外资产
股权投资		
其他资产	所有者权益	

从表5-4中可以看出，其他金融机构的资产负债表和一般储户没有区别，因为其他金融机构也是企业，也需要去银行存款、或者向银行贷款，唯一的区别在于，其他金融机构多了一项属于表外资产的"受托保管客户资金"科目。

我们拿证券公司来作说明。

证券公司的作用，只是以代理人的身份从事证券交易，与客户建立的是委托代理关系。客户将钱交给证券公司保管，没有客户的买卖委托指令，证券公司不能对这些资金进行任何操作。因此，对证券公司而言，客户用于买卖证券的资金列在表外资产项下。

在新货币金融系统下，通过证券公司买卖股票的运行细则如下：

(1)客户在证券公司开了一个股票账户，而后委托证券公司代理买卖股票。

(2)客户从银行的储蓄账户转账1万元到股票账户，客户的银行储蓄账户减少1万元，之后，以10元每股的价格买进某只股票1 000股，涉及的会计科目产生如下变化：

①客户划账后，股票账户增加1万元，证券公司表外资产方的"受托保管客户资金"科目增加1万元。

②客户买进股票后，股票账户减少1万元，证券公司表外资产方的"受托保管客户资金"科目减少1万元。

③客户资产方的"货币资金"科目减少1万元，"股权投资"科目增加1万元。

(3)这只股票价格涨到15元每股时，客户卖掉持有的1 000股，涉及的会计科目产生如下变化：

①因为股价上涨，客户资产方的"股权投资"科目增加5 000元(15 000－10 000)，负债方的"所有者权益"科目增加5 000元。

②客户卖出股票后，客户在证券公司开立的股票账户增加1.5万元，证券公司表外资产方的"受托保管客户资金"科目增加1.5万元。

③客户资产方的"股权投资"科目减少1.5万元，"货币资金"科目增加1.5万元。

从第(2)(3)这两个步骤来看，某股民盈利，必然意味着有资金从其他股民的账户里流入了该股民的账户里，这与目前的货币金融系统保持一致。

(4)证券交易所日终轧差清算以后，涉及的会计科目产生如下变化：

①客户股票账户减少1.5万元，证券公司表外资产方的"受托保管客户资金"科目减少1.5万元。

②客户的银行储蓄账户增加1.5万元，即炒股盈利的钱连同本金正式返回银行账户。

很多人看了这篇新货币系统的运行细则后，一定会有这样一个问题：这套货币系统,似乎太中规中矩,并且贷款效率也很低,是否可以胜任未来金融世界运行要求?

首先我要说的是,正是因为不会产生通货膨胀,所以系统要设计得中规中矩。

其次,你之所以有"贷款效率低"这样一种感觉的原因在于:你正在无意识地把这套系统和当今不断产生通货膨胀的货币系统作比较。

的确,当今这套提供廉价货币的系统可以很轻易地将贷款发放给企业。所谓廉价,就是指企业可以迅速且低成本地获得信贷资金。那可想而知,能轻松获得资金的企业会小心谨慎地使用资金吗?!

反过来,既然这套系统是"中规中矩""贷款效率低",那么信贷的发放将不再随意,而获得贷款资金的企业也不会像以前那样随便处置来之不易的资金。在这种环境下,信贷资金才会真正形成资本,流向需要资金的实体经济领域,从而财富被不断创造出来。

在一个诚实、健康、自由、购买力稳定的货币系统下,世界将不会再被循环发生的经济周期所困扰。

第六章

现实世界的金融财务知识

按揭贷款每月偿还金额的计算

房屋按揭抵押贷款的每月还款方式主要有两种:等额本息和等额本金。

大多数贷款买房者都选择等额本息的方式还款,比如向银行贷款 100 万元(假设全部都是商业贷款),期限 30 年,贷款年利率是 5%,那么,随便在网上找一个贷款计算器,都可以算出,在未来 30 年,每个月要向银行支付还款 5 368.22元,360 个月连本带利共计支付给银行 193.26 万元。

很多人会问:每个月固定支付的金额 5 368.22 元是怎么算出来的?每个月银行寄过来的还款账单上的本金和利息都是怎么算出来的?

这里我们给出两种计算方法。

(一)

第一种计算方法是纯粹的数学方法。

先将以上的例子抽象成一道数学题:已知,向银行贷款的总额是 M,贷款月利率是 i,共需还款 N 个月,还款方式采用等额本息,设每月以一个固定的金额 m 偿还本金加利息,第 n 个月需要偿还的本金是 B_n,第 n 个月需要偿还的利息是 L_n,分别求出 m、B_n、L_n 关于 M、N 和 i 的函数表达式 $f(M,N,$

i)、$g(M,N,i)$、$h(M,N,i)$。

解法如下：

因 $m=L_n+B_n$，其中 $n=1、2、3\cdots N$；

得①$L_1=M \cdot i$

$B_1=m-L_1=(m-M \cdot i)$

②$L_2=(M-B_1) \cdot i=(M \cdot i-m) \cdot (1+i)+m$,

$B_2=m-L_2=(m-M \cdot i) \cdot (1+i)$

③$L_3=[M-(B_1+B_2)] \cdot i=(M \cdot i-m) \cdot (1+i)^2+m$

$B_3=m-L_3=(m-M \cdot i) \cdot (1+i)^2$

从 B_1、B_2、B_3 的计算结果可以猜想 B_n 有如下表达式：

$B_n=(m-M \cdot i) \cdot (1+i)^{n-1}$

由于上式这个结果目前只是猜想，因此需要证明。我们采用第二种类型的数学归纳法。

已知，当 $n=1$ 时成立，假设当 $n \leqslant k$（k 为大于 1 的自然数）时存在：

$B_k=(m-M \cdot i) \cdot (1+i)^{k-1}$

则 $\sum\limits_{t=1}^{k} B_t = B_1+B_2+\cdots+B_k$

即 $\sum\limits_{t=1}^{k} B_t = (m-M \cdot i) \cdot [1+(1+i)+\cdots+(1+i)^{k-1}]$

上式两边同时乘以 $(1+i)$

得 $\sum\limits_{t=1}^{k} B_t \cdot (1+i) = (m-M \cdot i) \cdot [(1+i)+(1+i)^2+\cdots+(1+i)^k]$

以上两式相减

得 $\sum\limits_{t=1}^{k} B_t \cdot (1+i) - \sum\limits_{t=1}^{k} B_t = (m-M \cdot i) \cdot [(1+i)^k-1]$

得 $\sum\limits_{t=1}^{k} B_t = \dfrac{(m-M \cdot i) \cdot [(1+i)^k-1]}{i}$

现在需要证明关键的一步,当 $n=k+1$ 时,以下等式成立:

$B_{k+1}=(m-M\cdot i)\cdot(1+i)^{k+1-1}=(m-M\cdot i)\cdot(1+i)^k$

因 $L_n=L_{k+1}=[M-(B_1+B_2+\cdots+B_k)]\cdot i$

则 $L_n=L_{k+1}=\left\{M-\dfrac{(m-M\cdot i)\cdot[(1+i)^k-1]}{i}\right\}\cdot i$

得 $L_n=L_{k+1}=(M\cdot i-m)\cdot(1+i)^k+m$

又 $B_n=m-L_n=(m-M\cdot i)\cdot(1+i)^k=B_{k+1}$

即 $B_n=B_{k+1}=(m-M\cdot i)\cdot(1+i)^k$

故猜想式 $B_n=(m-M\cdot i)\cdot(1+i)^{n-1}$ 成立。

又 B_n 代表第 n 个月偿还的本金

则 $M=B_1+B_2+\cdots+B_N$

得 $M=\sum_{t=1}^{N}B_t=\dfrac{(m-M\cdot i)\cdot[(1+i)^N-1]}{i}$

上式整理后可得:

$m=f(M,N,i)=M\dfrac{(1+i)^N}{(1+i)^N-1}i$

求解出了 m,依据上面推导的公式,可以算出第 n 个月需要偿还的本金和利息。

因为第 n 个月要偿还的本金是:

$B_n=(m-M\cdot i)\cdot(1+i)^{n-1}$

将 $m=M\dfrac{(1+i)^N}{(1+i)^N-1}i$ 代入上式,整理后可得:

$B_n=g(M,N,i)=M\dfrac{(1+i)^{n-1}}{(1+i)^N-1}i$

因为第 n 个月要偿还的利息是:

$L_n=m-B_n=m+(M\cdot i-m)\cdot(1+i)^{n-1}$

将 $m=M\dfrac{(1+i)^N}{(1+i)^N-1}i$ 代入上式，整理后可得：

$$L_n=h(M,N,i)=M\dfrac{(1+i)^N-(1+i)^{n-1}}{(1+i)^N-1}i$$

最后，将运算结果总结如下：

$$m=M\dfrac{(1+i)^N}{(1+i)^N-1}i$$

$$B_n=M\dfrac{(1+i)^{n-1}}{(1+i)^N-1}i$$

$$L_n=M\dfrac{(1+i)^N-(1+i)^{n-1}}{(1+i)^N-1}i$$

第一种方法解毕。

第一种解法运用了数学中的数列知识直接正向求解。不得不说，这个过程是比较烦琐的。

（二）

我们再来看第二种解法。

第二种解法需要用到一些金融财务的知识。在搞清楚这个解法之前，先了解一下货币现值的概念。

假设一年期银行存款利率是10%（其实就是储户以10%的年利率借钱给银行），在今年的1月1日往银行存了100元，那么到明年1月1日取出来的就是100元×(1+10%)=110元。这很好理解。

现在反过来，假设一年期银行存款利率依然是10%，那么明年得到的110元，在今年值多少钱？有了之前的案例，可以很方便地计算出来，110元/(1+10%)=100元。

第六章 ‖ 现实世界的金融财务知识

好了,第二个例子中的结果 100 元就被称为未来一年 110 元的货币现值;通俗地说,未来一年 110 元所体现的购买力与现在的 100 元所体现的购买力相同。

由此引申,在市场借贷年利率是 10% 的经济环境中,未来两年 121 元所体现的购买力与现在的 100 元所体现的购买力相同。这就是货币现值的概念。

讲清楚了这一点,我们现在就来求解一下等额本息每月还款的金额到底是怎么计算出来的。

第二种解法如下:

已知向银行贷款的总额是 M,贷款月利率是 i,共需还款 N 个月,每月等额本息固定还款金额为 m,根据货币的现值概念,可以列出以下算式:

$$M=\frac{m}{(1+i)}+\frac{m}{(1+i)^2}+\cdots+\frac{m}{(1+i)^N}$$

式子右边的第一项称为第一个月还款金额 m 的货币现值,第二项称为第二个月还款金额 m 的货币现值,以此类推。算式的含义:每个月还款金额 m 的货币现值累加等于现在银行发放的贷款本金 M。

算式两边同时乘以 $\frac{1}{1+i}$,可得:

$$\frac{M}{1+i}=\frac{m}{(1+i)^2}+\frac{m}{(1+i)^3}+\cdots+\frac{m}{(1+i)^{N+1}}$$

前后两式相减,可得:

$$M-\frac{M}{1+i}=\frac{m}{1+i}-\frac{m}{(1+i)^{N+1}}$$

整理后,可得:

$$m=f(M,N,i)=M\frac{(1+i)^N}{(1+i)^N-1}i$$

求解出了 m，我们再次运用货币现值的概念算出每月需要偿还的本金和利息。

设第 n 个月需要偿还的利息是 L_n，第 n 个月需要偿还的本金是 B_n；

因 $m=L_n+B_n$

得 $L_1=M \cdot i, B_1=m-L_1=(m-M \cdot i)$

也就是说，在每个月还款金额都相同的条件下，第 1 个月要还的本金是 $(m-M \cdot i)$，那么根据货币现值的概念，第 2 个月要还的本金折算到第 1 个月，在数值上则不得低于 $(m-M \cdot i)$。因为，若低于这个值，发放贷款的银行在第 2 个月获得的本金货币现值将失去一部分购买力；而对于还款人来说，由于第 2 个月少还了一部分本金，即在第 1 个月的剩余本金的基础上，第 2 个月减少的本金较小，从而使得其在第 3 个月需要多付利息，因此，第 2 个月要还的本金正好等于 $(m-M \cdot i) \cdot (1+i)$ 符合借贷双方利益。当然，还款人提前偿还本金也可以，只要还款的本金货币现值大于 $(m-M \cdot i)$ 就行。

依次类推：

第 3 个月要还的本金等于 $(m-M \cdot i) \cdot (1+i)^2$，

第 4 个月要还的本金等于 $(m-M \cdot i) \cdot (1+i)^3$，

……

第 n 个月要还的本金等于 $(m-M \cdot i) \cdot (1+i)^{n-1}$。

所以，第 n 个月要偿还的本金：

$B_n=(m-M \cdot i) \cdot (1+i)^{n-1}$

再而，第 n 个月要偿还的利息：

$L_n=m-B_n=m+(M \cdot i-m) \cdot (1+i)^{n-1}$

将 $m=M\dfrac{(1+i)^N}{(1+i)^N-1}i$ 代入上面两式，我们可以得到与第一种解法一样的结果。也就是说，两种解法是等价的。

第二种方法解毕。

同样是计算等额本息的每月还款金额,与第一种解法相比,第二种解法简单多了。

从以上的推导来看,其实等额本息还款的本质是等额本金货币现值还款。

(三)

说完了等额本息还款,再来说说等额本金还款。

相比较而言,等额本金的计算方法更加简单,计算公式如下:

每月还本付息金额＝每月本金＋每月利息

＝总本金/还款总月数＋(总本金－累计已还本金)×月利率

同样是向银行贷款 100 万(假设全部都是商业贷款),期限 30 年,贷款年利率是 5%,未来 30 年一共 360 个月连本带利共计支付给银行 175.21 万元。比起等额本息的 193.26 万元,等额本金总计可以少还款 18 万元。

从两者还款的绝对数量上说,等额本金的还款总额小于等额本息的还款总额。

表面上看,这的确是等额本金的优势,但是一旦加入通货膨胀这一变量,反而成为了劣势。

等额本金的还款特征是时间越往后推移,每月还款的金额越少。由于通胀的存在,越是未来的货币其购买力折算到现值越是少,而该还款方式一开始就要支付很多金额。比如,以所举的例子来看,等额本息首月付款是 5 368 元,而等额本金的首月付款却要达到 6 944 元。虽然等额本金的每月还款金额在递减,但递减的额度太小,要还到第 137 个月时(即拿到银行贷款后的 11 年又 5 个月),还款金额才和等额本息相同。

因此,从长远来看,等额本金损失了更多的货币现值购买力。

(四)

这里还要说一些题外话,现有货币存入银行中,在未来提取出来时,如果要维持原有的购买力,则一年期存款利率必须至少要等于通货膨胀率,否则储蓄者就会损失购买力。

用一个简单的数学例子作说明,假设一年期银行存款利率是 5%,而通货膨胀率是 10%,那么 100 元存入银行后,明年拿出来的是 100 元×(1+5%)=105 元。关键的来了,明年的 105 元所体现的购买力等于现在的多少钱所体现的购买力?

如果你还认为是 100 元,那就大错特错了,应该是 105 元/(1+10%)=95.45 元。储蓄者损失的货币现值购买力=100 元-95.45 元=4.55 元。也就是说,当通胀率大于存款利率时,储蓄就显得划不来。

以上是从储蓄方看货币现值。现在反一下,从银行角度看货币现值。

假设一年期贷款利率是 7%,通货膨胀率是 10%,向银行借款 100 元,一年后还给银行 100 元×(1+7%)=107 元,这一年后的 107 元所体现的购买力等于现在的多少钱所体现的购买力?是 107 元/(1+10%)=97.27 元。

这等于是说,银行今年借给你 100 元,可明年银行得到的 107 元所体现的购买力只相当于今年的 97.27 元,银行作为借款人损失的货币现值购买力=100 元-97.27 元=2.73 元。

换句话说,对于借款人而言,只要通胀率大于贷款利率,贷款负债明显比储蓄具有抗通胀的优势,通胀既可以稀释货币购买力,也可以稀释债务偿还压力。

也许有人会问,假如真像上面计算的那样,银行岂不是在做亏本买卖吗?

不是这样的。银行的经营模式是左手存款右手贷款。以上面的所举数据为例,一年期存款利率 5%,一年期贷款利率 7%,通胀率 10%,储蓄者损失的货币现值购买力＝4.55 元,银行作为借款人损失的货币现值购买力＝2.73 元,银行实际盈利 4.55 元－2.73 元＝1.82 元。同时由于通胀的存在,各种资产价格普遍上涨(最明显的就是房价),因此向银行贷款买入资产的借款者,实现账面盈利。

年利率和月利率的转换

通常,银行贷款标称的利率都是年利率,但在实际执行中,用的是月利率,比如我们平时遇到次数最多的房屋按揭贷款。那么,年利率和月利率之间是如何转换的?

绝大多数人会认为:年利率是月利率的 12 倍,甚至许多银行的贷款合同条例中,都写明:年利率＝12×月利率。

可事实上,年利率和月利率两者之间的关系并没有这么简单。

我们用 I 表示年利率,用 i 表示月利率,根据上面提到的 12 倍关系,可以得到以下转换式:

$$i=\frac{I}{12}$$

将上式变换一下,得到以下一个式子:

$$1+12i=1+I$$

这样一来就很明显了,年利率和月利率之间的转换计算是根据单利的概念。我们不禁要问:为什么不用复利的概念?从数学上看,可以用以下计算式表达:

$$(1+i)^{12}=1+I$$

$$i=(1+I)^{\frac{1}{12}}-1$$

那么,月利率到底用单利计算还是用复利计算?

在前文中,我们使用了两种方法来解决"如何计算每月等额本息的还款金额"这一问题,对于其中的第二种解法,利用了货币现值的原理。注意一下推导过程中的第一步计算式:

$$M=\frac{m}{(1+i)}+\frac{m}{(1+i)^2}+\cdots+\frac{m}{(1+i)^N}$$

式子中的每一项都有 $\frac{1}{(1+i)^n}$ 这个因子,这就表明在货币现值的计算过程中,对于月利率,用的是复利的概念。既然是用复利的概念,那为什么用单利的关系式来计算年利率和月利率之间的转换?

当然,这样的疑问还不具备足够的说服力,有没有更严格一点的方法?

为了彻底弄明白年利率和月利率之间转换关系的来龙去脉,我们还是利用货币现值的金融概念,从数学上进行推导。

先把这个金融的问题抽象成一道数学题:

向银行申请贷款,贷款期限是一年,还款方式选择每月等额本息,即共需还款12个月,已知贷款年利率是 I,求贷款月利率 i 与 I 之间的关系式。

先代入两个参数 M、m,分别表示:贷款总额、等额本息每月固定还款金额;根据货币的现值概念,可以列出以下算式:

$$M=\frac{m}{(1+i)}+\frac{m}{(1+i)^2}+\cdots+\frac{m}{(1+i)^{12}}$$

大家注意一下上式中的最后一项。这项的意义在于:最后一次还款金额的货币现值。由于贷款期限是一年,因此,最后一次还款表明:贷款的一年期限正好已过;因为正好是一年,所以,最后一次还款金额的货币现值可以用另一个式子表达:$\frac{m}{1+I}$。

这样一来就清楚了,因为,都是用于表达"最后一次还款金额的货币现值",所以,我们可以有以下这个等式：

$$\frac{m}{(1+i)^{12}}=\frac{m}{1+I}$$

从这个等式中,可以轻易地推导出月利率和年利率的转换关系式：

$$i=(1+I)^{\frac{1}{12}}-1$$

由此可见,月利率和年利率之间的转换关系用的是复利概念,不是单利概念。同样,根据年利率计算季度利率和半年度利率,也是用复利的概念。

接下来我们选择几个具体的数据来计算一下,对于相同的年利率,使用单利、复利转换式算出的月利率相差多少。

(1)向银行贷款 100 万元,期限 30 年,年利率 5%,每月等额本息还款。

①用单利转换式算出月利率是 0.417%,每月还款 5 368.22 元,30 年连本带利共计偿还 193.26 万元。

②用复利转换式算出月利率是 0.407%,每月还款 5 300.55 元,30 年连本带利共计偿还 190.82 万元。

(2)向银行贷款 100 万元,期限 30 年,年利率 8%,每月等额本息还款。

①用单利转换式算出月利率是 0.667%,每月还款 7 337.65 元,30 年连本带利共计偿还 264.16 万元。

②用复利转换式算出月利率是 0.643%,每月还款 7 143.98 元,30 年连本带利共计偿还 257.18 万元。

由此可见,年利率越大,单利与复利之间算出来的月利率结果差值也越大,其他结果的差值也随之拉大。

关于资产负债表

为帮助那些从来没有学过会计知识的读者能够理解本书,特意用最通俗的语言撰写了这部分内容,希望能为这些读者提供一臂之力。

表 6-1 是一张简略的企业资产负债表,里面是常用的几个会计科目,其中"货币资金"科目包括:现金、现金等价物、银行活期存款、银行定期存款。

表 6-1 简略的企业资产负债表

资　产	年初数	期末数	负债和所有者权益	年初数	期末数
货币资金			负债合计		
短期投资			短期借款		
应收利息			应付账款		
应收账款			应付利息		
存货			短期负债		
短期债权投资			其他流动负债		
其他流动资产			长期借款		
长期股权投资			应付债券		
长期债权投资			其他长期负债		
固定资产原价			所有者权益合计		
减:累计折旧			实收资本(或股本)		

续表

资　　产	年初数	期末数	负债和所有者权益	年初数	期末数
工程物资			减：已归还投资		
在建工程			资本公积		
无形资产			盈余公积		
其他长期资产			未分配利润		
资产总计			负债和所有者权益总计		

企业的资产负债表有以下几个特征：

(1)资产方的科目，自上而下根据资产的流动性由强到弱排列。所谓资产，是指企业拥有的或者企业控制的、并且预期能给企业带来经济利益的资源，这些资源是企业在过去的经营交易或各种事项中形成的。

(2)负债方的科目，自上而下根据负债的流动性由强到弱排列。所谓负债，是指预期会导致经济利益流出企业的现时义务，这些现时义务是企业在过去的经营交易或者各种事项中形成的。

(3)所有者权益的科目，自上而下根据权益的流动性由弱到强排列。所谓所有者权益，是指企业所有者在企业资产中享有的经济利益，或者说是企业投资人对企业净资产的所有权。

(4)企业所拥有的资产列在表格的左边资产方，企业作为法人对外的负债列在右边负债方，企业作为法人对内(对所有者或对股东)的负债列在右边所有者权益方。

(5)总资产＝总负债＝负债(对外)＋所有者权益(对内)

现在我们举几个案例，来看看当这些案例发生时，企业的资产负债表科目会发生什么样的变化？

一家房地产开发公司，在一个季度内将"存货"科目中价值1亿元的住宅全部销售一空。这时，"存货"科目减记1亿元，"货币资金"科目增加1亿元，资产负债表规模保持不变。

这家房地产开发公司在完成一个楼盘销售后,又向银行贷款2亿元,期限5年,准备开发下一个小区楼盘。这时,该公司"长期借款"科目增加2亿元,"货币资金"科目增加2亿元,资产负债表规模因为借款扩张了2亿元。

还是这家房地产开发公司,该公司的老板甲某有一个朋友乙某。乙某是一家进出口贸易公司的老板,最近需要进一批货,但手头资金还缺5 000万元,于是以自家的一幢豪华别墅作抵押向甲某借款5 000万元,并承诺3个月后商品销售完毕后连本带息还给甲某5 500万元。甲某一算,3个月返还利息会有500万元,绝对划算,于是二话没说借给乙某5 000万元。这时,甲某的这家企业"货币资金"科目减记5 000万元,"短期债权投资"增加5 000万元,而对于乙某的这家企业,"短期借款"科目增加5 000万元,"货币资金"科目增加5 000万元。

上面的例子都是针对一般企业经营状况的,但是对于银行来讲就有些不一样的地方。但是再怎么"不一样",资产负债表的制定万变不离其宗,前面列出的5条特征,银行一样要遵守,尤其是第(4)条,作为同样具有企业性质的银行,必须分清楚什么是资产、什么是负债。

大家可以到任何一家商业银行的官方网站上去下载银行年报,里面有银行资产负债表的详细展示。表6-2是一张简略的商业银行资产负债表,里面是常用的几个会计科目。

表6-2　　　　　　　　简略的商业银行资产负债表

项目名称	年初数	期末数	项目名称	年初数	期末数
现金及现金等价物			向中央银行借款		
库存现金			同业存款		
存放央行			同业拆借		
存放他行			存款		

续表

项目名称	年初数	期末数	项目名称	年初数	期末数
贵金属			居民存款		
交易性金融资产			单位存款		
买入返售金融资产			理财资金		
应收利息			应付利息		
贷款			其他负债项目		
公司贷款			负债总额		
个人贷款			股本		
可供出售金融资产			资本公积		
应收及预付账款			盈余公积		
长期股权投资			一般风险准备		
固定资产			未分配利润		
其他资产			所有者权益总额		
资产总额			负债及所有者权益总额		

　　从表6-2可以清晰地看到,储户的存款(包括居民存款、单位存款,或者分为活期存款、定期存款)作为银行的一个独立科目,列在负债项下,银行对储户的存款需要支付利息("应付利息"科目)。

　　银行借到储户的钱之后,大部分用于放贷,贷款利率和存款利率之息差正是银行主要收入来源;同样,银行的贷款(包括公司贷款、个人贷款,或者分为短期贷款、长期贷款)作为银行的一个独立科目,列在资产项下,贷款可以给银行带来利息收入("应收利息"科目),因此对银行来讲,贷款就是"收息资产";剩下一部分储户的钱则用于了准备应对储户提款("库存现金"科目)和转账(可以是"存放他行"科目,也可以是"存放央行"科目),以及存放在中央银行作为法定存款准备金和超额存款准备金("存放央行"科目)。

　　同样,为深入理解,我们也举几个案例,来看看当这些案例发生时,银行的资产负债表科目会发生什么样的变化。

一家房地产开发公司，将销售房产的收入所得1亿元现金存入其开户银行，于是该银行的"存款"科目增加1亿元。由于存入的都是现金货币，相应地，该银行的"库存现金"科目增加1亿元，资产负债表规模扩张1亿元。

在上面这个案例中，我们假设了买房人的付款方式都是使用现金，如果是使用转账付款，这家银行的会计科目变化会有所不同：买房者先转账1亿元至房地产开发公司，于是这家房产公司的银行账户余额增加1亿元，即该银行的"存款"科目增加1亿元。由于存入的都是非现金货币，相应地，该银行的"存放央行"科目增加1亿元，假如存款准备金率是10%，那么，此时增加的这1亿元"存放央行"科目又可细分为，"法定存款准备金"科目增加1 000万元、"超额存款准备金"科目增加9 000万元，银行资产负债表规模扩张1亿元。

这家房产公司为开发下一个楼盘，向其开户银行贷款2亿元，于是该银行的"超额存款准备金"科目减少2亿元，"贷款"科目（或者说"收息资产"科目）增加2亿元，此时的银行资产负债表规模还暂时没有发生变化；接下去，银行一旦正式把贷款发放出去，这家房产公司的账户存款余额立即增加2亿元。根据前一个案例，相应地，此刻该银行负债方的"存款"科目增加2亿元，资产方的"法定存款准备金"科目增加2 000万元、"超额存款准备金"科目增加1.8亿元，银行资产负债表规模扩张2亿元。整个贷款过程前后，我们可以发现，"法定存款准备金"科目净增2 000万元、"超额存款准备金"科目净减2 000万元，即基础货币总额保持不变，但储户的存款余额多出2亿元。回顾一下本书第二章中的"通货膨胀的根源"，我们再一次见证了贷款创造派生货币的奇迹。

我们对于黄金的误读

在国际金融市场上,除了美元、欧元以外,讨论最多的就是黄金。

本部分内容不是从正向角度解读黄金(比如黄金的供给与需求、金本位下的物价、黄金与实际利率的关系等),而是从逆向角度解释我们对于黄金的种种误解。

(一)

我们常问:黄金有什么用处?除了当女人的饰品,还有镶金牙。

对于这个问题,网上曾有人用非常巧妙的方式回答了:"正因为黄金太没有用处,所以黄金只能用来做金钱。"

应该说,这样的回答有些开玩笑的成分。不过下面的一句话可是一本正经的:

"只有黄金是金钱,其他都是信用。"——JP摩根

在我看来,JP摩根这句话的犀利程度不亚于罗斯柴尔德的那句话:"如果我能控制货币的发行,将不在乎谁制定法律。"大佬不愧为大佬,要么不说真话,一旦说真话,其水平与普通人相比立判高下。

（二）

我们常说：黄金不当吃不当喝的，要来干嘛。

黄金的确不能吃、不能喝，吃下去或熔成液体喝下去，立刻死亡。可是，我们为什么这么爱 100 元钞票呢？难道说，这一张张 100 元钞票可以吃、可以喝？！

当然不是！我们这么爱钞票，其实爱的不是钞票本身，而爱的是：用钞票到市场上换来更多的有价商品和服务！

但我们忽视的是：用黄金也可以到市场上换来有价商品和服务！

为什么一谈到黄金，我们总是要把黄金仅仅当成一件消费品，而不当成货币？！

（三）

当我们形容一个人心灵美的时候，常说："他/她有一颗金子般的心。"

当我们形容一个好的时代的时候，常说："这是一个黄金时代。"

当我们形容一样东西贵重的时候，常说："这比黄金还贵重啊。"

可非常奇怪的是，一旦到了金融货币领域，我们对黄金的态度会突然出现 180°的大转变："黄金无用""黄金是野蛮的痕迹""金价快要崩盘了"。我要问，这些概念是从哪里来的？其实，我们可以发现，都是主流经济学家告诉我们的、都是经济学教材告诉我们的！

（四）

黄金既然是"无用的"、是"野蛮的痕迹"，那么，欧美央行为什么还要储备黄金？为什么不储备钻石？为什么2009年欧债危机、2011年美债危机爆发的时候，欧美各国不趁着金价上涨的时候卖出去还债呢？

也许有人会回答，央行储备黄金但不用，这种情况就相当于国家拥有核武器但不用。这种解释等于推翻了"黄金无用论"。为什么呢？这等于是说，在金融货币领域，黄金等于核武器！核武器，什么意思？——太有用了！

（五）

我们常说：黄金是不生息资产，还不如最简单的银行存款。

这是普通投资者不看好黄金的最大、最重要理由。

我想先说的是，既然眼里盯着利息，那么，古董瓷器字画也是不生息的、钻石不生息的，可人们为什么还是对它们趋之若鹜？！

再有，关键在于，你知不知道，银行的存款为什么会有利息？

因为，你把钱存进银行，其实质是把钱借给了银行！可是，我们从来就没有感觉到，去银行存钱就是把钱借给了银行！我们没有这种正确意识的根源在于：我们可以把这笔钱随时从银行中全额取出，这让我们错误地认为，存款就是让银行保管这笔钱。

关于银行和储户之间到底发生了什么事，本书第二章的"熟悉又陌生的存款"已经详细论证。

（六）

我们常说：黄金现在已经不保值了，因为民国初年5两黄金可以买北京的一个四合院，现在1千克黄金只能买四合院的一个厕所。

其实，从另一个角度看这个例子，正好说明房价泡沫太大，而金价太低。

这个例子流传得相当之广、流传的时间也相当之长，但实际上是不是这样呢？网上有人根据史料对此有过仔细的批判，写过《咸菜高论：民国初年五两黄金可以买一幢四合院吗？》，链接地址：http://user.qzone.qq.com/1323954993/blog/1301911955。

读者如果有兴趣，可以自行登录阅读。

（七）

可能有人会问：黄金如果真能保值，那么，为什么金价在如今通胀的当下却表现为下跌。

操纵金价如今已经不是一个秘密了。

在这方面，无论国内国外，都有很多文章和著作。这里推荐一本书——《秘密黄金政策：为何中央银行要操纵黄金价格》。书是由一位德国人写的，国内已有简体中文版，书中详细告诉我们：为什么央行要操纵金价？央行是怎么操纵金价的？

还有人会说：金价现在升多高，未来就会下跌多少。

对于此种说法，我想反问："一碗面条的价格，为什么没有从2015年的价格跌到2008年的价格？"

（八）

我们常说：黄金做货币时，也不一定物价就稳定，当年西班牙从印加帝国掠夺了很多黄金到国内，反而造成了国内的通货膨胀。

我发现反对黄金的人，总是喜欢用一个孤证来全盘推翻黄金的所有优点。

我想反问的是：

——既然你引用这个例子，认同这个观点，那么就意味着，你厌恶通货膨胀，同时你也认同：货币多了就会发生通货膨胀。

——既然认同"货币多了就会发生通货膨胀"，并且也厌恶通胀，那么，为什么一到现实经济中，总是倾向于多发货币？因为我们总是听见这样的经济观点："要扩大货币供应以配合经济增长"，"经济下跌，要多发货币拉动经济"，等等。

——也就是说，要用通货膨胀来解决经济问题！

——也就是说，你喜欢通货膨胀！

——结合前面的讨论，那么矛盾就来了，你既厌恶通货膨胀，又喜欢通货膨胀！

——而且，即便你喜欢通货膨胀，你为什么不喜欢黄金引起的通货膨胀？

其实，黄金作为一种世界硬通货，因为被所有人接受，所以可以用黄金到任何地方购物。一个地方黄金多了，势必另一个地方黄金少了。一定时期内，全球黄金总量不变，全球财富总量不变，一个地方有通货膨胀，另一个地方势必有通货紧缩。当年西班牙黄金多，引起国内通胀，他们完全可以用黄金到海外购物，即输出黄金、引进物资、抵消通胀，经济再次平衡。

第六章 ‖ 现实世界的金融财务知识

（九）

我们常说：金本位已经过去，不会再返回了，因为，当今的部分准备金制度是金本位的演化，当今的信用货币是实物货币的演化。

有这样一个观点，其依据在于：因为已经过去，所以不可能比现在好。我们之所以认同这个观点，是因为在我们的头脑潜意识中，将这个观点的背景放在了科技领域！比如：结绳计数比不上算盘，算盘计数比不上电脑。

可是，在经济领域，这个观点却不一定正确。我们的借贷复式记账从800年前就开始启用，一直沿用到现在；再如，汇票起源于1 000年前，其运作原理至今不变，只不过承载汇票内容信息的方式有了变化。

再有，在这个观点中用了一个词："演化"（有些人也说"进化"），这真的是一种先入为主的想法。如果你去读欧洲的货币金融历史，只要对部分准备金制度的来龙去脉有一些了解，那么我想，你就不会用"演化"这个词了，取而代之地会用"退化"这个词，甚至会用"恶化"。

现在大家都信奉信用货币这套理论，信奉的原因在于：因为这套理论现在很流行；而且，信奉信用货币的人其实也知道，目前的信用货币会产生通货膨胀。

我想先问这样一个问题：如果有两种货币制度，一种不会产生通货膨胀，另一种会产生通货膨胀，你会选哪一种？

如果选第一种，那么问题在于：既然知道信用货币会产生通货膨胀，为什么还信奉它？

如果选第二种，那么问题在于：难道你愿意看到自己的财富在通货膨胀下被稀释？

（十）

我们常说：黄金总量那么小，而现在世界经济总量那么大，无法实现绑定。

黄金总量小，正是因为黄金现世数量有限（一种财货作为货币的条件之一）；世界经济总量大，是因为经济中的债务成分多，更因为用于计量经济的纸币（包括银行账户货币）数量巨大；正所谓人类印纸币，上帝印黄金。

金价是弹性的，金价既可以下跌，也可以上涨，当债务经济成分去掉、只留下实体经济的时候，此时黄金总量和经济总量完全可以匹配；而且，更重要的是，黄金的增长速度和经济的增长速度基本都在 2％～3％，即货币的增长速度等于经济的增幅（一种财货作为货币的条件之二）。这样既不会通胀也不会通缩，物价恒定不变，人们不会因为通胀而赶紧消费，也不会因为通缩而故意窖藏货币。

黄金的增长速度和经济的增长速度为什么能天然地保持相等？这也许就是上帝的旨意：只有用黄金的增长速度才能限制住人类不断乱发纸币的欲望。

可能有人会问：黄金挖完了怎么办。

完全不用担心，虽说以现有技术，地壳中的黄金将于 25 年后开采完毕，但地球中的绝大多数黄金都深埋在地幔地核中，随着科技的发展，完全可以从地幔中开采黄金，甚至可以从海洋中提取黄金。

（十一）

曾看到不少网友说："货币为什么一定要和黄金绑定，与战略物资（比如石油)也一样可行,况且石油有更广泛的使用范围,目前的石油美元体系是最好的证明。"

我们假设石油和美元绑定,形成石油本位,美联储有1升石油发行1美元。那么,问题就来了:

——以什么样的质量标准作为本位石油的品质?(质量标准容易形成统一,这是一种财货作为货币的条件之三)

——美联储怎么保存这些石油?怎么保证石油品质长期不变?(容易长期保存,这是一种财货作为货币的条件之四)

——1升石油发行1美元,那么0.5美元呢?0.1美元呢?1美分呢?(容易分割、近乎无限分割,这是一种财货作为货币的条件之五)

——石油虽然使用范围非常广,但连保存都很困难的情况下,携带更是非常的不便,并且每单位体积的石油能交换的商品有限,如要购买大商品,需要携带更多的石油,因而极其不便(单位体积小但购买力大,这是一种财货作为货币的条件之六)。

目前的石油美元体系根本不是石油本位。为什么?除了上述几个理由之外,还有一个很简单的理由:目前的1美元所能买到石油数量总是在变的。所谓本位,就是每单位的货币无论何时总能兑换到等量的货币抵押品。

(十二)

最后来看一篇源于果壳网的文章,《为什么选黄金做货币?》,其特点在于:作者用元素周期表来说明黄金做货币的原因,链接地址:http://www.guokr.com/article/437746/。

顺便说一下,元素周期表中,排在铁后面的重金属元素,只能诞生于两种环境：超新星爆发和双中子星相撞，因为只有这两种环境才能释放出形成稳定元素的核聚变能量（难以伪造，这是一种财货作为货币的条件之七）。

只有黄金才满足一种财货作为货币的七大条件。大家有没有发现，英文单词中，God、Gold、Good 这三个单词拼写类似、发音类似？造个句子：God say, Gold is good。

目前的白银只满足六条，其中的第二条不满足，因为白银存量较小（白银是一种重要的工业原材料，一直处于消耗状态，回收困难，这点不像黄金，白银现世存量在 3 万吨左右，而黄金存量在 17 万吨左右），但白银在历史上却也满足全部七条，所以黄金、白银在有段时间上组成了金银复本位。

金价未来会走向何方

前文是从逆向角度谈论黄金，这里我们从正向角度来议一议，并对大家都很关心的未来金价走势作一预测。

（一）

黄金的化学符号为 Au。Au 这个名称来自于罗马神话中黎明女神的名字 Aurora（欧罗拉，意为闪耀的黎明），也正是由于它表面神秘的金色光芒，黄金更是被古埃及人称为"可触摸的太阳"，这足以折射出黄金在人们心中的地位；再加上黄金拥有永不磨灭的物理特征，因此自古以来，黄金一直都是财富的终极象征。

黄金作为货币最早可以追溯到公元前 700 年，当时在小亚细亚地区的吕底亚王国就已经开始将黄金用于铸币，直到公元 1971 年，随着布雷顿森林体系的破灭，黄金与美元脱钩，黄金的货币功能才被废除。所以从大历史角度来看，黄金作为货币拥有最长的时间尺度——2 700年。但奇怪的是，在整个西方主流经济学理论中，黄金一直是个敏感的话题，没有一本主流经济学著作对黄金有过专门论述，都简单地认为"黄金是野蛮的痕迹"。

也许很多人会认为,金本位制度那是以前了,是过去式了、落后了。有这样的一种想法,本身就是先入为主。过去的就一定不好吗,举个反例就知道了,会计上的借贷复式记账制度源起于意大利,800年来就没有发生过原则性的变化。当今的人们总是想当然地认为:如今的世界已经与过去的历史发生了本质的改变,过去的将永远一去不复返了;自己没有经历过的就不会发生,甚至认为历史前进到现在将不会再发展了,喜欢用自己几十年的人生经历来窥探几千年的历史发展规律。

(二)

回望人类的货币制度历史,发现1971年是一个转折点,因为在这一年以前,整个世界的货币体系都直接或间接地与实体商品(比如金本位或金银复本位)挂钩,而从这一年以后,就变成了以美元为主导的纯粹的信用货币体系。

金本位和信用本位这两种货币制度到底孰优孰劣?理论上的证明这里不再赘述,我想提出几个实际的案例。

公元4世纪,罗马帝国颁布拜占庭金币,这种纯度为98%的金币在之后长达700年的时间里,其成色一直保持不变,成为流通领域最广的金币,受到了所有人的崇敬,堪比"19世纪的英镑、20世纪的美元"。你需要知道的是,当时的英镑和美元之所以成为国际货币,原因在于其后盾正是黄金。20世纪的第二次世界大战期间,纳粹德国印刷出来的任何货币各国都不接受,因此,德国人要购买物资只能用黄金来支付。21世纪的2012~2016年,伊朗遭受美国的金融制裁,伊朗央行与全球金融体系失去联系,在这种情况下,伊朗的对外贸易只能采用黄金支付。

还有一个现象,不知大家发现了没有。在通信异常不发达的古代,各地区的文明虽然没有联系,但都不约而同地将黄金当作货币和财富代表。这说明了什么?很简单:大家都信任黄金,而且这种信任是不掺杂任何政治、宗教、意识形态成分的。

所有这些事件都雄辩地说明了黄金才是真正的货币,也是整个货币体系中的最后支付手段。

黄金是诚实的资产,没有任何的信用风险,是保护财富的诺亚方舟。对于这一点,当普罗大众觉醒之日,就是历史轨迹改变之时。"金银天然非货币,货币天然是金银。"

(三)

下面具体来谈一谈黄金价格的未来走势?这是很多黄金投资者最感兴趣的话题。

我先做出一个总体预测:金价先是在不断盘整中缓慢上扬,尔后呈指数形式急速飙升,价格会高到令人匪夷所思的程度,最后金价回落到 35 美元每盎司,即 1971 年 8 月美元与黄金脱钩时的官方兑换价格。

对于预测,我要做出一个说明:如果是预测一个月后、一年后的金价,这个非常困难,因为交易的市场瞬息万变。我对金价的预测,全是基于一个前提:现有纯信用货币制度被推翻,实行金本位或次级金本位。换句话说,在金本位的环境下,用目前的美元衡量,金价会达到一个什么样的高度。

我还要有一个声明:我对金价的预测不构成投资建议!任何人做出的实际投资决策都完全取决于自己!

我的预测分成两个框架:美国经济体范围和全世界经济体范围。

（四）

在美国经济体范围这个框架中,我分别从经济角度、债务角度、货币角度计算金价。

我们现在已经知道,美元的致命弱点就在于美国政府的巨大债务。截至2015年底,美国联邦国债余额已经达到创纪录的19万亿美元,再加上各种企业债务、各个州政府的债务、医保亏空、养老亏空,国家总债务将至少会达到骇人听闻的100万亿美元,而同期美国的GDP仅仅是17万亿美元,财政收入更是只有2.8万亿美元左右。

现在我们做一个简单的测算,就可大概知晓美元的未来命运。以过去50年的时间跨度来看,美国国债的整体平均利率在4%,国债余额年均增长8%,国家总债务年均增长10%,GDP年均增长率7%,财政收入年均增长率6%。按照利滚利计算,到了2040年前后,美国财政收入的50%都会用于归还国债的利息;如果债务基数换成国家总债务,那么在2030年左右,光债务的利息就相当于GDP的50%(总债务利率取国债利率)。

根据英国金融历史学家尼尔-弗格森的研究:当一个国家50%的经济收入用于归还债务利息时,这个国家还能做什么,一定是土崩瓦解。

从以上推算中可以得知,在2030—2040年时间段内,美国作为一个国家行将破产。当然,创新能力旺盛、经济总量庞大、军事实力无敌的美国绝不允许自己的国家走向不归路,一定会在债务崩溃大限到来之前采取反制措施。比如:印刷天量美元,主动大幅贬值美元购买力,以最低成本还清天文数字般的债务。由于美元与黄金的反向关系,这使得金价跳高到每盎司10 000美元成为可能。

不过，真到了 1 盎司黄金以 10 000 美元计价的时候，人们反而无法在 COMEX 黄金期货盘面上看到这个数字，因为那个时候已经没有投资人用 COMEX 了，它的名义价格早已归零，钱都扑向了实物黄金。

COMEX 操纵黄金价格的真相早晚会大白于天下。COMEX 黄金期货于 1974 年推出，这其实是一款专门用来打压黄金价格、抬高美元地位的金融工具，也是全球纸黄金产品的旗帜。所谓的纸黄金，就是不可兑换实体黄金。全世界的黄金投资产品分成两大块：纸黄金和实物黄金，投入两者的资金比例至少是 50∶1。从这个数字中可以看出两点：一是纸黄金的价格决定了实物黄金的价格；二是 98% 的纸黄金没有对应的实体黄金。当美元大幅贬值的时候，可想而知，所有投资纸黄金的资金会涌向实物黄金，前者价格瞬间清零，后者价格暴涨。金本位强势回归。

（五）

那么在一个完全金本位的体制下，黄金的价格能达到多少？

截至 2015 年底，美联储的资产负债表规模是 4.5 万亿美元，基础货币是 4.2 万亿美元。假如所有的美元基础货币与黄金挂钩，以 10 000 美元每盎司的金价可不可能支撑下去？

这个问题其实作一个简单的换算就可以了：相当于在完全金本位的体制下，假如金价是 10 000 美元每盎司，那么支撑 4.2 万亿美元的基础货币需要 4.2 亿盎司黄金，而美国国库一共只拥有 2.6 亿盎司黄金（用国际公制单位表示是 8 133 吨），因此要想以 10 000 美元每盎司的金价实现金本位绝不可能。

因此我们反过来计算，将 2.6 亿盎司的黄金与 4.2 万亿美元的基础货币挂钩，金价则上升到 $\frac{4.2\,万亿美元}{2.6\,亿盎司}=16\,154$ 美元每盎司。需要说明一点：对于这样的计算,我们假设使用到的数据从2015年至实行金本位那一年都没有发生变化(实际上这几乎是不可能的,比如美元的基础货币数据每年都在增长,因此,到时候计算出来的金价将更为惊人)。

这里我还要顺便说一下黄金重量单位的换算问题。"盎司"是一种英制重量单位,在我国港台地区也称为"安士"。我们常说"1盎司黄金",事实上,完整的说法应是"1金衡盎司黄金"。其与国际公制单位的换算关系是:1金衡盎司=31.103 5克,但凡在贵金属领域(金、银、铂等),只要说起"盎司",都是指"金衡盎司"。而我们平时说的"1盎司",完整的说法应是"1常衡盎司"。其与国际公制单位的换算关系是:1常衡盎司=28.349 5克。同样是重量单位"盎司",但是有两种换算关系,因此,很容易混淆。市面上很多内容关于黄金的著作在这个单位换算问题上总是弄错,这点请读者注意。

下面我们继续计算金价。

一旦把基础货币与黄金挂钩,则不得不考虑国债的问题。因为当国债到期后,债权人会拿到联邦政府兑付的美元,而美元基础货币此时已与黄金挂钩,加上整个金融世界又处于向完全金本位体制的过渡,债权人拿着美元势必要求兑换成黄金,因此,美国国库的2.6亿盎司黄金还需要覆盖19万亿美元的国债余额!这样,计算下来,金价会上升到 $\frac{(4.2+19)万亿美元}{2.6亿盎司}=89\ 231$ 美元每盎司。

基础货币与黄金挂钩,国债余额被黄金覆盖,那原本金融系统内的大量派生货币呢?这些派生货币(比如定期存款)的主人想必也会立马把存款从银行中取出,要求兑换成黄金。如此一来,美国国库的2.6亿盎司黄金还需要覆盖派生货币!截至2015年底,美元 M_2 数值是13万亿美元,因此派生货币总额= M_2 -基础货币=13万亿美元-4.2万亿美元=8.8万亿美元。这样,计算下来,金价会上升到 $\frac{(4.2+19+8.8)万亿美元}{2.6亿盎司}=123\ 077$ 美元每盎司。

基础货币、国债、派生货币都可以兑换到黄金,那么那些持有市政债券、公司债券等的债权人会有什么反应呢?也都会同样要求兑换成黄金。如果是这样的话,那么美国国库的 2.6 亿盎司黄金还需要覆盖所有债务!计算下来,金价会上升到 $\frac{(4.2+19+8.8+100)万亿美元}{2.6亿盎司}$ =507 692美元每盎司。

我们要注意一点,以上的计算都是假定美国非常慷慨地把国库中的全部黄金家底都用于覆盖原本货币金融系统中的信用,但实际上考虑到美国的霸权个性,再加上美国自身还需要留存大部分黄金以维持金本位,因此美国最多只会使用 50% 的黄金。这样一来,之前所有的计算结果都要至少乘以 2 $\left(\frac{1}{50\%}=2\right)$。

(六)

我们在美国经济体范围这个框架中已经计算完毕,下面我们从世界经济体范围出发,来计算一下金价。

让我们先来看图 6-1,其显示的是全世界各类金融资产名义总价的对比,形成一个倒金字塔结构。

图 6-1 中央显示的是一个倒金字塔金融资产结构,最底层是全世界 17 万吨总价 7.1 万亿美元的实体黄金(以 1 300 美元每盎司计算),第二层是全世界所有央行发行的总计 28.8 万亿美元的基础货币,第三层是全世界银行系统内的总计 50 万亿美元的派生货币,第四层是全世界各国政府发行的总计 56.7 万亿美元的国债余额,第五层是全世界总计 116.4 万亿美元的企业债和市政债,第六层是全世界总计 300 万亿美元的大宗商品(大宗商品交易

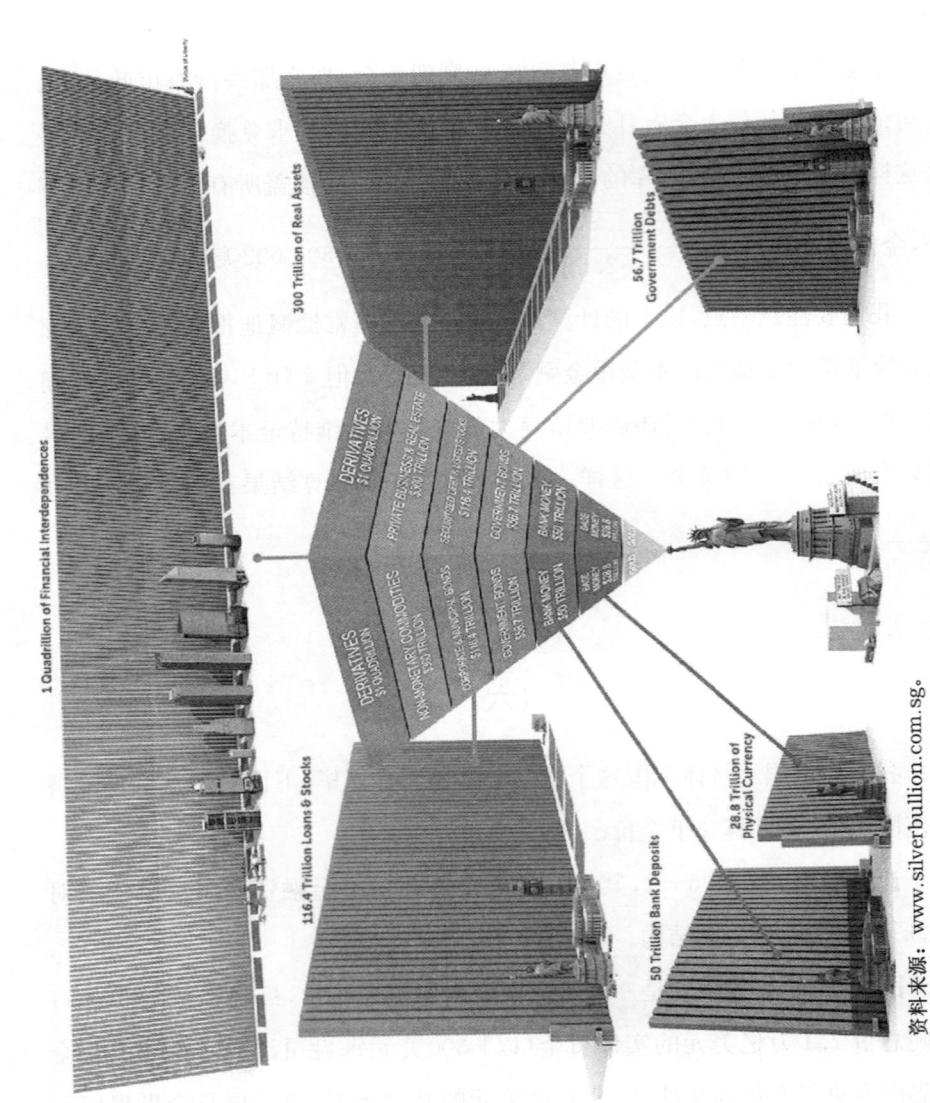

图 6-1 全球各种金融资产名义总价对比

资料来源：www.silverbullion.com.sg。

市场),第七层是全世界总计1 000万亿美元的金融衍生品,七层数据由小到大形成金融资产的倒金字塔结构,数据截止于2015年底。

倒金字塔下面是自由女神像,其两旁分别置放着用世存的实物黄金和白银做成的立方体,与自由女神像形成一个外观体积对比。倒金字塔四周的"高楼大厦"其实不是真正的建筑大楼,而是用100美元纸币堆积而成的纸币大楼。拿最后一排纸币大楼作说明:这幢"大楼"的上面写着1 quadrillion,意为1 000万亿美元;"大楼"下面排布着很多建筑,这些建筑都是华尔街那些鼎鼎大名的金融机构办公楼,如摩根大通、摩根士丹利、美国银行、花旗银行等,其中中间最高的那栋建筑是摩根大通总部办公楼,楼高215米;图的意思是说,用100美元纸币堆积而成的1 000万亿美元纸币大厦和真实的建筑大楼形成的体积对比。

图6-1非常形象地展示了实体黄金在当今全球金融资产中所占比例之低,原因正在于绝大多数资金都拥挤在上面所说的六大类信用资产中,推高了这些信用资产的价格。

图6-2给出了实体黄金名义总价占全球金融总资产中的具体比例数值。

图6-2中横轴表示年份,纵轴表示黄金占全球金融资产的比值(Percentage of Global Financial Assets)。

从图6-2中可以看到,1980年时,黄金占全球金融资产总额达到5%,而到了2015年,黄金仅占有0.58%,该值比起1980年少了9倍(Gold as a percentage of Global Financial Assets is 9 times less than it was in 1980)。

虽说黄金占全球金融总资产这个比例呈下降趋势,但我们需要知道的是,当今全球经济环境在不断恶化:堆积如山的债务、史无前例的负利率、各国央行全体实行货币宽松、持续的通货膨胀……这些征兆都在预示着一场货

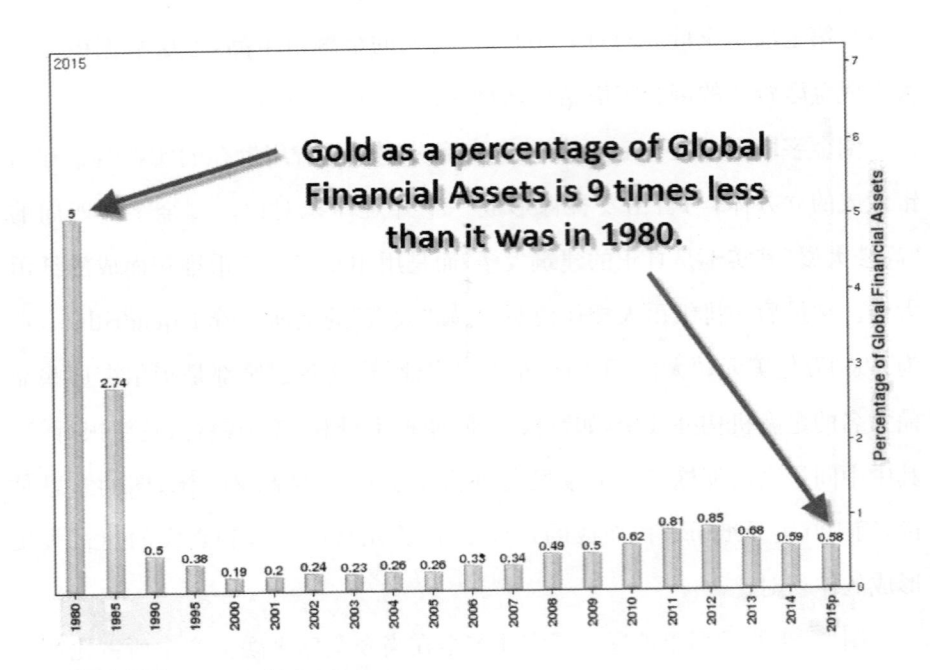

货币原本 ∥ *The Principle of Money*

资料来源：www.goldchartsrus.com。

图6—2 自1980年以来黄金占全球金融资产的比例变化趋势

币制度的改革正在临近，到那时候，原本在信用资产中的资金会抽离出来扑向黄金。

下面我们根据图6—1中的数据来计算一下，当整个世界经济体处在完全金本位情况下，金价会达到怎样的高度。

全部信用资产名义总价＝(28.8＋50＋56.7＋116.4＋300＋1 000)万亿美元＝1 552万亿美元，所有黄金的总重量＝17万吨＝54.6亿盎司，将这些黄金覆盖全体信用资产，可得金价＝$\frac{1\,552\text{万亿美元}}{54.6\text{亿盎司}}$＝284 249美元每盎司。

需要说明一点，这样的计算是把世存的17万吨黄金全部归口于各国政府与央行名下。实际上大部分黄金都是私人持有，而全世界官方持有的黄金总量仅为 3.2 万吨＝10.3 亿盎司,所以按此口径计算出来的金价是 $\frac{1\,552\,万亿美元}{10.3\,亿盎司}$＝1 506 796美元每盎司。

当然,与之前计算美国时的一样,以上的计算都是假定各国政府和央行都慷慨地把持有的全部黄金家底都用于覆盖原本货币金融系统中的信用;假如他们到时只使用了50%的黄金,那么相应地,之前所有的计算结果都要乘以 $2(\frac{1}{50\%}=2)$,甚至,如果只使用了10%的黄金,那所有计算结果都要乘以 $10(\frac{1}{10\%}=10)$,此时运算出来的金价将会脱离地球引力,飘到外太空以外。

(七)

两种框架下的金价已经计算完毕。我们可以看到,无论哪种结果,只要是在完全金本位体制下,计算出来的金价全都非常惊人,但在次级金本位下(比如与货币的挂钩成分中除了黄金以外,还有碳排放、石油、新能源等),计算出来的金价将会有明显下降。例如,货币中的黄金成分占比为20%,那么,上面计算出来的所有结果都需要除以 $5(\frac{1}{20\%}=5)$。

当然,我要重申一点,上面的所有计算都是以现有美元来衡量的。事实上,当金价达到某个高度时,原有的货币体系很有可能已经崩盘了,到时候不是以美元作为黄金的计价工具,而是反过来,以黄金作为所有货币的度量基准,即以黄金为核心,其他货币围绕黄金运转形成黄金太阳系金本位。

(八)

最后,让我们再来回顾一下货币历史上的一个重要时刻:1971 年 8 月 15

日,美国总统尼克松宣布"财政部暂时(temporary)停止美元纸币兑换黄金的行为"。读者可以从网上找一下当时尼克松宣布这个决定的演说视频,听听他的原话是怎么说的。虽说是"暂时",但迄今为止已经过去了将近半个世纪,这个"暂时"也暂时到了现在。

难道会永远"暂时"下去?

有一个猜想:根据上面的计算,估计最终的黄金价格将会达到350 000美元每盎司;等到美国清空了债务,实行金本位或次级金本位后,发行由黄金支撑的新货币——金美元,金美元与旧美元的比价是1∶10 000;黄金在金美元体系下,价格依旧是35美元每盎司,顺势回到1971年8月的官方兑换价格,印证了当年尼克松的那句话"财政部暂时(temporary)停止美元纸币兑换黄金的行为"。只是这个"暂时"也暂时得太久了。

历史总是在不断地轮回,只不过,人不同了而已。

附录一

与读者的互动问答

Q1：在本书第二章"通货膨胀的根源"中，一开始所举的模型中有这样一句话"有客户向甲银行贷款5 000万元，客户的账号开设在乙银行"；但是在银行贷款实务操作中，如有客户向甲银行贷款，则该客户必须在甲银行开设账户，这种规则对书中之后的推导有影响吗？

A1：完全没有影响，同样可以有相同的结论：因为银行的贷款，整个银行体系的存款总额增加了，增加的存款就是贷款产生的派生存款（派生货币）。

我们依照问题中的设定"如有客户向甲银行贷款，则该客户必须在甲银行开设账户"这一条件来再次推导一下。

有甲乙两家银行，甲银行有存款1亿元，乙银行刚成立没有存款，整个银行体系的存款总额是1亿元。客户A在甲银行开设a账户，客户B在乙银行开设b账户，这两个账户现在余额都为0。

客户A因开发房产需要向客户B购买建筑材料，总价为5 000万元。由于客户A的账上没钱，因此需要向甲银行贷款5 000万元；甲银行发放贷款后，客户A的a账户余额立刻由0变成5 000万元。注意，此时由于a账户开设在甲银行，a账户上的5 000万元就是甲银行的存款（即派生存款5 000万元），而且更重要的是，甲银行原先1亿元的存款并没有减少，因为拥有这1亿

145

元存款的储户不会因为甲银行发放贷款而将自己存款进行减记,甲银行也不会因为自己发放贷款而将储户存款减记;因此,原先1亿元的存款加上a账户的5 000万元,甲银行的存款立马变成1.5亿元。

客户A有了5 000万元,为了购买建筑材料,就立即从a账户上划账5 000万元给客户B的b账户。因为b账户开设在乙银行,于是,乙银行的存款立刻由0变成5 000万元,即5 000万元存款由甲银行转移至乙银行,相应地,甲银行存款由1.5亿元变成1亿元;甲乙两家银行此时的存款相加是1.5亿元,即整个银行体系的存款总额因为发生了贷款这个步骤由原先的1亿元变成1.5亿元,增加了5 000万元派生货币。

整个过程中,经济总量没有增加,货币却增加了5 000万元,与"通货膨胀的根源"中推导的结论完全一致。

这里再提出一点,由于存款是银行的负债,所以,负债如果增加,那么根据"资产=负债+所有者权益"公式,银行的资产也同时增加(由于是负债方的存款科目增加,因此资产方的准备金科目相应增加),即资产负债表规模扩张。上述过程中,甲银行贷款发放后,由于钱进入a账户形成甲银行存款,所以甲银行的资产负债表规模由1亿元扩张为1.5亿元(甲银行的准备金科目增加5 000万元)。之后,客户A支付5 000万元给客户B,甲银行的资产负债表规模由1.5亿元又缩回至1亿元;乙银行因b账户增加5 000万元,即乙银行存款增加5 000万元,因此其资产负债表规模由0扩张为5 000万元。

Q2:本书第六章"关于资产负债表"讲清了银行因发放贷款引发的会计科目的变化。既然是贷款,就有到期日,那么当贷款到期偿还时,情况又是怎样的?当然,对此你曾经也谈到过"贷款到期,银行收回本金加利息,其'收息资产'减少,而'超额准备金'增加,这个过程中,减少或增加的金额等于贷款本金的数额,利息收入两边记账,既归入资产方的银行资本金,又归入所有者权益,银行的资产负债表配平;由于利息的进入,收回贷款的银行的资产负债表规模比起发放贷款前略有扩张,其他银行的资产负债表看其放贷和收贷情况而定"。但这段话中只叙述了收贷银行资产方科目的变化,负债方的存款科目是怎么变化的(因为用于偿还贷款的本金和利息都来自于客户的存款货币)?

A2:银行贷款到期时,客户需要准备好资金用于偿还银行贷款的本金加利息,而这笔资金就存放于客户开设在贷款银行的账户中,以供银行到时扣款。

具体来说,当贷款到期时,银行的还款结算系统会自动向客户的存款账户进行扣款。由于扣款使得客户的账户余额减少,即此时的银行存款余额减少,因此扣款的一刹那,银行的资产负债表规模是缩减的(负债方的存款科目减少,资产方的准备金科目相应减少);之后,因为贷款本金收回,银行资产方的科目发生变动,"收息资产"减少,"超额准备金"增加;又因为利息的进入,银行资产负债表此时的规模比起放贷前出现略微扩张,但是与收贷之前的规模相比,还是表现为缩减。

这个结论很重要,即在归还贷款的瞬间,银行的资产负债表规模是缩小的。其原因在于,先前由于银行放贷形成派生存款,扩张了银行的资产负债表,实质是银行贷款(债务)形成债务货币,货币来源于债务,债务一旦消灭(即贷款到期,产生债务货币的源头消失),原先产生的派生货币也随之消失,表现为银行的资产负债表缩减(虽然利息的进入会略微扩张资产负债表,但这种扩张的规模远小于债务货币消失导致资产负债表缩减的规模)。在这个过程中,我们可以清晰地看到债务货币的原理:债务产生货币,债务源头消失,债务货币湮灭。

上面是从会计的角度解读收贷的过程,接下来我们从货币财产的法律权属角度上也解读一下放贷收贷过程。

例如，储户 C 在甲银行有 10 000 元存款，客户 A 在甲银行开设 a 账户，余额为 0。客户 A 向甲银行贷款 10 000 元，于是 a 账户余额变为 10 000 元。贷款到期后，客户 A 使用 a 账户上的存款偿还贷款，a 账户余额再次变为 0。

现在我们来仔细分析一下，上述过程中，这 10 000 元所有权的权属关系。

放贷之前，这 10 000 元存款具有货币的双重所有权，即同时被甲银行和储户 C 拥有。放贷之后，甲银行可随时动用的"超额准备金"科目减少，"收息资产"科目增加，而向甲银行贷款的客户 A 就得到 10 000 元，于是客户 A 的资产负债表中的货币资金科目增加 10 000 元。这个过程的实质就是说，甲银行通过贷款，将自己对这笔钱的所有权转让给了贷款客户 A，从而获得了对贷款客户 A 的债权。注意，甲银行贷款前后，储户 C 一直拥有着 10 000 元所有权。贷款客户 A 一得到钱，a 账户余额立即由 0 变为 10 000 元。此时注意，由于 a 账户开设在甲银行，因此在 a 账户余额由 0 变为 10 000 元的瞬间，立刻在甲银行和客户 A 之间产生了对这 10 000 元货币的双重所有权。而更为重要的是，储户 C 依然保有对这 10 000 元的所有权，因此，此时这 10 000 元的所有权同时被甲银行、贷款客户 A、储户 C 三方同时拥有（即基础货币的多重所有权，本书第三章"货币双重所有权的衍生"中有过论述）。由于开设在甲银行的 a 账户存款余额由 0 变为 10 000 元，因此甲银行的资产负债表规模增加 10 000 元。

从这里可以看出，银行贷款一旦发生，就会出现一笔债权（甲银行对客户 A），同时又会多出一项货币财产的所有权（客户 A 拥有 10 000 元），即所有权多了一重，从而导致银行的资产负债表规模得以扩张，债权（此处银行是债权人）产生货币财产所有权，其本质就是债务（向银行贷款的客户是债务人）产生货币。最终，贷款到期收贷之后，债权债务消灭。相应地，先前产生的货币财产所有权湮灭,所有权减少一重,而先前产生的派生货币也随之消失,银行的资产负债表规模缩减。当然,由于利息的进入,收贷银行的资产负债表规模比放贷之前略有扩张。

Q3:先有贷款再有存款(或者说:银行在不需要存款的前提下,就可以凭贷款创造存款)这种观点的依据是先有资产再有负债,是否正确?

A3:"先有资产再有负债"这种说法并不正确,需要看具体是针对谁了。

对于央行而言,的确是先有资产再有负债。比如央行买进外汇,发行基础货币,外汇处于央行资产方,基础货币处于央行负债方。换句话说,基础货币的发行基于央行的资产。

但是对于商业银行而言,却是先有负债再有资产。比如一笔存款进来,银行的负债方需要增加,为了配平"资产＝负债＋所有者权益",资产方也要等量增加,涉及的资产科目有法定存款准备金、超额存款准备金、支付备用金;如果进来的这笔存款是现金形式,那么在银行的资产方,为配平公式,仅仅是库存现金科目得以增加。

对于企业或个人而言,一般也是先有负债再有资产。比如,企业 A 向企业 B 借钱,企业 A 在借到钱的瞬间,企业 A 的身份变成了债务人,其负债方的借款科目得以增加,由于通过借钱而获得了资金,其资产方的货币资金科目也得以增加;而企业 B 的身份此时变成了债权人,其资产方的货币资金科目减少,资产方的债权科目等量增加;债务导致债权,债权伴随债务,两者相生相灭。

Q4:有一种观点认为,形成派生存款的扩张除了银行发放贷款这条渠道之外,银行购买债券也能够做到,是这样吗?

A4:"银行购买债券形成派生存款扩张"这种说法不是太严谨,应该说,不一定，要看具体情况，看卖出债券的一方是企业或个人还是银行。

我们下面分情况讨论。

假设卖出债券和买进债券的都是银行，对于这种情况，不会生成派生存款扩张。因为转让的债券和动用的资金都只是对两家银行资产方的科目做出了变动，银行体系的资产负债表规模没有发生扩张，尤其是银行的负债方没有发生变动。

假如卖出债券的是企业或个人，买进债券的是银行，对于这种情况，此时就会形成派生存款扩张。因为银行买进债券，则卖出债券方的账户存款余额出现增长，导致银行的负债方增加，由此多出了一笔派生存款，银行体系的资产负债表规模发生扩张。

继续做个深入的讨论，债券作为买卖的标的物，其发行方总是以一定资产做抵押的。因此，在上述的后面一种情况中，银行用超额准备金买进背后有资产做抵押的债券，这本身就可以等效地看作是抵押贷款。把买进债券的银行和债券的发行方联系起来看，相当于债券发行方以其资产做抵押，向银行申请贷款，于是，债券发行方多了一项债务，世间多了一笔派生货币，依旧是债务产生货币。

Q5：债务货币系统下，债务产生货币，或者说货币源于债务，因此根据货币总额是否可以推导出债务总额；反过来，是否可以用债务的总额推导出货币的总额？

A5：不可以。先说一点，债务货币系统下，根据货币总额推导出的不是债务总额，而是债务本金的总额，还要再加上债务利息，才可得到债务总额。需要注意的是，推导出的这个债务本金总额并没有包含全社会所有一切债务本金，而是有限定条件的。具体来说，是指在整个债权债务关系中，有银行体系（包括央行和商业银行）参与并发生交易行为而产生的债务，其他性质的债务还没包括在内。

我们举个例子：企业 A 向银行贷款 100 万元，利率 5％，期限 1 年，此时银行多了一项债权，企业 A 多了一项债务，债务本金 100 万元，到期债务总额 105 万元，世间也多出一笔债务货币 100 万元；企业 B 因为急需要钱，故以 10％的利率向企业 A 借钱 100 万元，期限 1 年，于是企业 A 多了一项债权，企业 B 多了一项债务，债务本金 100 万元，到期债务总额 110 万元。由于是企业和企业之间发生借贷交易，企业 A 的钱借给企业 B 之后，企业 A 的货币资金瞬间就减少了，而企业 B 的货币资金等量增加，所以此过程中世间不会产生债务货币；这时候我们看，整个社会上，债务本金是 200 万元，但是债务货币却依然是 100 万元，两者明显不相等。

因此，不把银行体系参与交易而产生的债务解析出来，用笼统的债务本金总额是无法推导出货币总额的。

Q6：关于国际货币体系的未来变革，你有这样一个观点，认为将来会形成一种抵押成分为"50％黄金＋50％二氧化碳"的新国际储备货币，而且在新旧货币体系的过渡期间，"欧美元"（美元和欧元的合并体）会主导全球金融市场。那么在这个过程中，现有的各个国家主权货币与这两种新货币之间的汇率是如何变化的？

A6：对于一个学习研究货币金融的人来说，整个国际货币体系发生变革那是最激动人心的一件事，因为国际货币发生制度性的改动将会对全球存量财富进行一次重新划分，而正是在这个划分过程中，一部分人的财富会出现爆炸性增长，另一部分人也许会沦为赤贫。这绝不是危言耸听。

至于新旧国际货币体系转换期间，"旧货币与新货币的汇率会如何变化"？这个问题我无法给出一个确定的汇率数值，不过有一点我可以肯定，在过渡期间，全球金融市场会变得大幅震荡，各种金融资产的价格此消彼长，尤其是在外汇市场上,金融资源准备不充分的国家其主权货币的汇率将经历腥风血雨般的跌宕起伏,而对于风险承受能力较差的投资者,宁可秉持"现金为王"的理念,也绝对不要去碰期权、期货、掉期等金融衍生品。金融市场上事态的发展(甚至包括人世间所有事态的发展)绝不会以线性形式前进,否则用一个简单的函数就可以描述整个世界了。

Q7:都说通货紧缩有害,这种说法的重要依据就在于:因为通货紧缩,导致物价会逐渐下降,即货币的购买力越来越强,从而使得人们都持币观望,甚至储藏现金,消费意愿降低,因此会减少整个社会的需求,所以搞不活经济。对此如何看待?

A7:这是一种非常荒谬的说法。让我们把通货紧缩的定义先确定好。与通货膨胀相反,所谓通货紧缩,是指货币的供应量低于货币的需求量,导致货币的购买力升值,引起物价普遍的持续下跌的现象。说得深刻一点,由于科技的发展以及经济制度的完善,使得整个社会财富的增长速度高于货币的供应增长速度,从而引起物价下跌。

通货紧缩的确会使货币的购买力越来越强,但人们不会永远持币观望、降低消费意愿。举例来讲,对于生活必需品,比如大米、油盐酱醋,假使这些物品的价格越来越低,人们会不去买它们吗,难道民众会饿着肚子,等到大米降到一个最低价格时再出手购买?显然不是。相应地,对于非生活必需品来说,一样如此。比如,电子数码产品的价格总是逐年降低,并且产品拥有的功能越来越强大,这是众所周知的事,可是,民众并没有等到这些产品的价格降无可降时才出手购买,而是觉得自己有需求自然就会购买。

Q8:为什么美联储每次货币政策会议后的声明总是让人摸不准方向,感觉美联储的官员既看好未来的经济形势又持有悲观态度?

A8：美联储的官员们其实都知道美国经济出了大问题，问题的核心正是美国庞大的债务总额和每年要偿还的巨额债务利息，解决的方法不外乎是压低利率、货币放水。但是他们不能明说，因为一旦明说，市场就会出现大幅动荡、利率飙升、美债收益率升高、还债压力陡增、出现债务危机，最后是美元危机。

因此，美联储的官员为了延缓债务危机的爆发时间，充分利用美元作为国际储备货币的最后优势，在货币政策会议声明书上掩盖了美国经济的真正问题，其声明内容从来都是含糊其辞，让市场摸不着头脑。

如附图1显示，伴随着美联储的资产负债表规模越来越臃肿，美联储会议声明书的字数也越来越多，而市场也越发搞不清美联储的意图。

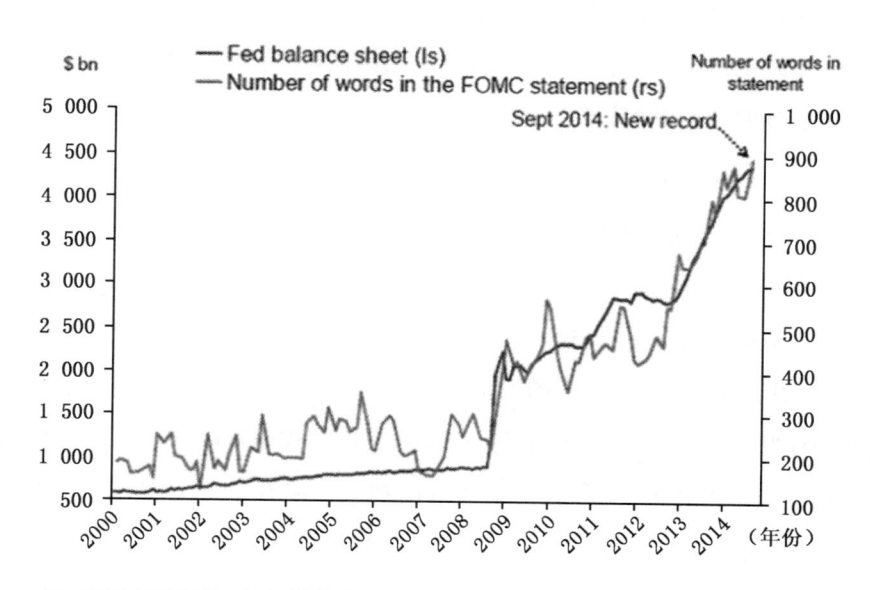

注：横轴表示年份，左边纵轴表示美联储资产负债表规模（fed balance sheet），单位：10亿美元（$ bn＝$ billion），右边纵轴表示美联储货币会议声明书的字数（number of words in the FOMC statement）。

资料来源：Deutsche Bank（德意志银行）。

附图1　美联储资产负债表规模和货币会议声明书字数的关联图

Q9：在你的观点中，认为美联储利用 QE 和 OT 等工具压低了市场的中长期利率，那么 QE 和 OT 是怎么压低利率的？其他国家的央行是否也在压低市场利率？

A9：一种债券在金融市场上被大量需求，则债券的价格升高，债券的收益率就会下降，如果该种债券属于高信用等级，那么对应年限的市场利率会相应下降。

所谓 QE，就是美联储买进中长期美国国债和 MBS 债券，放出基础货币；所谓 OT，就是美联储出售短期国债，再买进中长期美国国债和 MBS 债券。实行这两种货币政策工具，都可以造成高信用等级的中长期债券在金融市场上被大量需求，从而降低了债券收益率，压低了市场利率。

在未还清的美国国债余额中，既有短期国债，又有长期国债，并且每当存量国债到期时，联邦财政部还会发行相应期限的新国债，用借新还旧的方式维持着整体国债的滚动。所以，压低市场的短期利率（通过直接调低联邦基金利率）和中长期利率（通过 QE 和 OT 工具），目的就是为了压低对应的短期和中长期的国债利率，即降低融资成本，从而减轻联邦政府的还债压力。

QE 和 OT 执行期间，我们经常在财经媒体上读到这样的信息——美联储通过 QE 和 OT 熨平了市场的信用成本，为实体经济的复苏提供了条件。什么叫作"熨平市场的信用成本"？这样的表达方式非常暧昧，其实就是美联储通过操纵货币政策工具，人为压低市场利率。还有一点大家想过没有，既然是"熨平市场的信用成本"，换句话说，市场的真正利率是较高的，不然为什么要去"熨平"，而较高的利率正是美国这样一个重债国的软肋，高利率会大幅度提高美国财政部债务利息的支出，导致债务危机，再而传导至货币危机。在本书第四章"源于债务的货币"中已有详细解读。

因此，在债务货币体系下，要维持这套系统运转，必须压低国债收益率。

这一点不论是对于美国,还是英国、德国、日本都一样,否则系统就会快速崩盘。

附图 2 显示了各主要工业大国 10 年期国债收益率和国家负债率之间的对比,可以发现,负债率越高,国债收益率越低,因为,国家的负债率越高,支付的利息越大,即还债压力越大,所以要压低利率减轻还债压力。在金融市场上的表现就是 10 年期国债收益率要降低,从而压低利率这一目标得以实现。

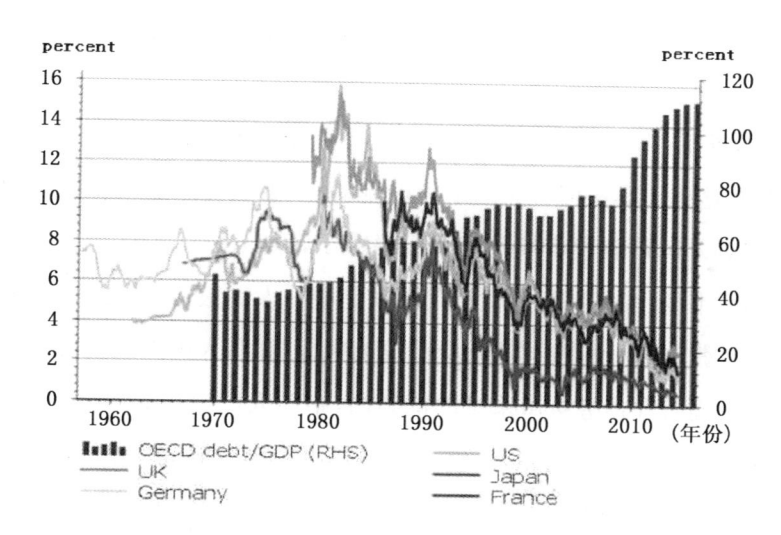

注:横轴表示年份,左边纵轴表示 10 年期国债收益率,右边纵轴表示经合组织成员国债务与 GDP 的百分比(OECD debt/GDP);各条曲线中,UK 是英国、Germany 是德国、US 是美国、Japan 是日本、France 是法国。
资料来源:Reuters(路透财经)。

附图 2　各主要工业大国十年期国债收益率和国家负债率之间的对比

Q10:目前中国央行的货币政策中出现逆回购的频率减少了,取而代之的是出现了诸如 SLO(短期流动性调节工具)、SLF(常备借贷便利)、PSL(抵押补充贷款)、MLF(中期借贷便利)等新名词。这是怎么回事?

A10：SLO、SLF、PSL、MLF这些花里胡哨的新名词,其本质就是央行买进商业银行的资产(包括债券资产、信贷资产甚至无抵押信用)扩张人民币的基础货币。SLO、SLF起始于2013年初,PSL起始于2014年年中,MLF起始于2014年第四季度。

这些货币扩张的工具取代了原先的逆回购。这其实是在表明,人民币基础货币的投放方式正在发生改变。1998年之前,基础货币的投放逻辑是物资本位制结合央行再贷款;1998—2012年,基础货币的投放方式是外汇占款结合国债逆回购;2013年起,人民币基础货币的投放方式已改变为SLO、SLF、PSL、MLF。

先前,外汇占款和逆回购主要影响的是货币的流动性,如今,SLO、SLF、PSL、MLF这些工具不但影响的是货币流动性,更重要的是央行想借助这些工具形成对人民币利率市场的指引。说穿了,SLO、SLF、PSL、MLF是人民币走向利率市场化的工具。不过,代价就是中国人民银行的资产负债表在未来会急速扩张(或者说,在这些新货币政策执行期间,人民币的基础货币数量得以扩张),而且在债务货币系统的框架内,中国人民银行最终会使用SLO、SLF、PSL、MLF压低市场利率,延缓债务货币的崩盘时间,就像美联储使用QE、OT压低利率一样。

Q11：现在已经知道,全球各大央行为了延缓债务货币的崩溃时间,都在通过买进资产的手段达到压低利率的目的,但同时却扩张了基础货币数量、扩大了资产负债表规模,有没有图表可以直观地将这些现象展示出来?

A11：路透财经有几幅图可以满足这个要求。

附图3显示的是全球四大央行(美联储、英格兰央行、欧洲央行、日本央行)资产负债表规模的变化。从附图3中看到,在2008年底金融危机爆发时,四大央行为拯救经济,提供了所谓的"流动性",放出了大量货币,也在那个时候，央行的资产负债表开始暴涨。四大央行拼命"货币放水"注入"流动性"的这一做法有两个原因：一是在债务货币系统下，还债高峰期的到来，使得货币市场发生通货紧缩危机，本书第四章"源于债务的货币"中提到过；二是在部分准备金制度下，商业银行系统容易产生"钱荒"。其根源在于，由于银行的贷款会产生派生存款，使得银行系统的总存款余额增加，而根据银行系统的流动性计算公式"银行系统流动性＝基础货币－央行法定存款准备金＝基础货币－银行总存款×存准率"，我们可以知道，正是商业银行的持续放贷行为扩张了银行系统的总存款，从而导致系统流动性降低。截至2014年上半年，四大央行的联合资产负债表规模总量已经达到10.2万亿美元，这个数值在2008年金融危机爆发前是4万亿美元。

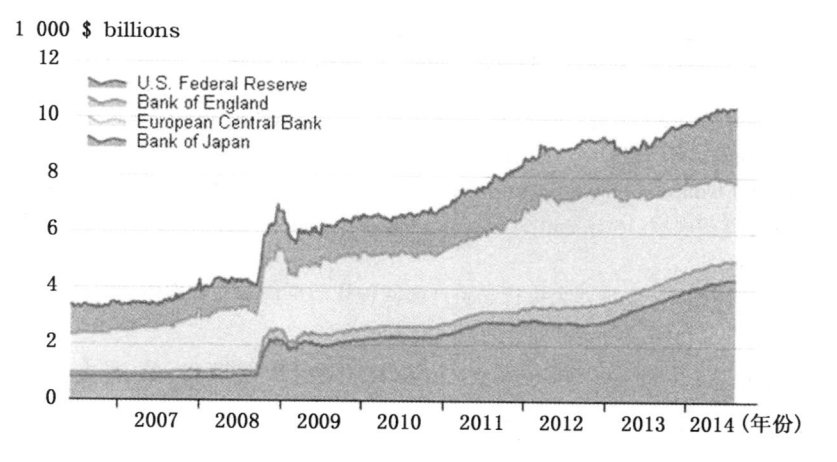

注：横轴表示年份，纵轴表示央行资产负债表规模，单位：万亿美元（1000 $ billions＝1 $ trillion）。"US federal reserve"意为美联储，"bank of england"意为英格兰央行，"European central bank"意为欧洲央行，"bank of Japan"意为日本央行。

资料来源：Reuters（路透财经）。

附图3　全球四大央行资产负债表规模的总量变化

附图4显示的是全球四大央行总资产（即资产负债表规模总量）和四种货币平均基准利率值的对比。从附图4中可以清晰地看到，四大央行在压低利率的同时,自身的资产负债表规模也在急速地扩张,利率目前已经压到了极限位置,再要压下去,只能实行负利率(比如北欧一些国家已经实行负利率政策)。

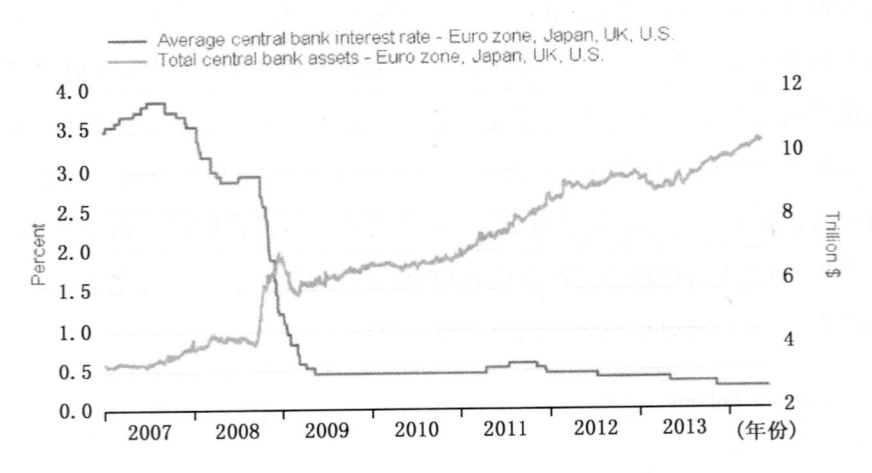

资料来源:Reuters(路透财经)。

注:横轴表示年份,左边纵轴表示欧日英美四大央行实行的平均基准利率(average central bank interest rate-euro zone、japan、UK、US),右边纵轴表示欧日英美四大央行的总资产规模(total central bank assets-euro zone、japan、UK、US),单位:万亿美元(Trillion $)。

附图 4　全球四大央行总资产和四种货币平均基准利率值的对比

附图 5 显示的是全球五大央行(英格兰央行、美联储、欧洲央行、日本央行、中国人民银行)资产负债表规模与本国(区域)GDP 的比值变化。从附图 5 中可以看到,中国人民银行资产负债表规模与 GDP 的比值是五者中最高的,这足以说明人民币基础货币的超发程度是五种货币中最高的。

Q12:2014 年 10 月底,美联储不但停止了 QE,反而预期不远的未来会升息(预期了一年后,2015 年底的确加息了一次)。与此相对应的是,从 2014 年 11 月至 2016 年,全球其他各国央行却集体进入了降息降准的周期。对于这

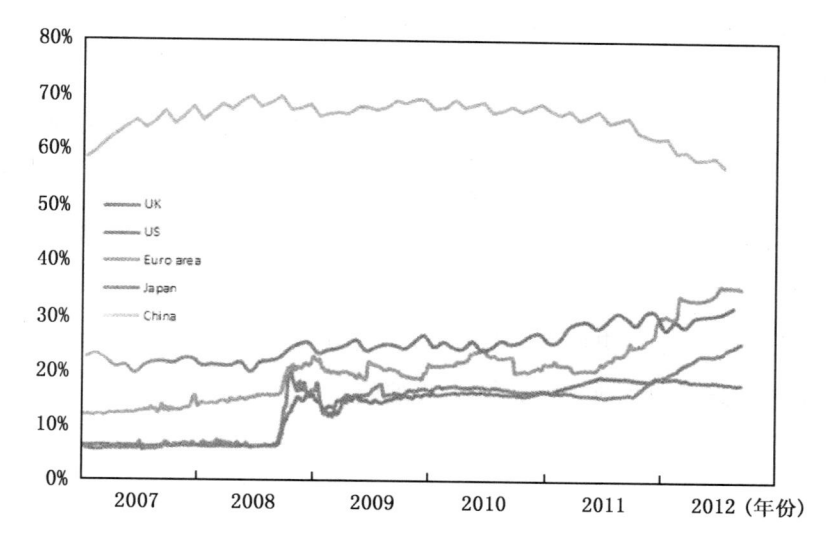

注：横轴表示年份，纵轴表示央行资产负债表与GDP的百分比值。"UK"意为英国，"US"意为美国，"euro area"意为欧元区，"Japan"意为日本，"China"意为中国。
资料来源：Reuters（路透财经）。

附图5　全球五大央行资产负债表规模与本国（区域）GDP的比值变化

种反常的现象怎么解读？

A12：当其他各国央行都在使用货币宽松政策尽全力维持债务货币系统的时候，美联储为什么会"独善其身"，反而在玩升息预期？

我们先要问，美联储为什么要停止QE？

很多人包括经济学家都认为这是由于在QE的作用下，美国经济复苏了，所以就不需要QE了。这种逻辑的本质抽离出来就是说，扩张货币供应便可以挽救衰败的经济。如果这种逻辑成立的话，那么中国央行帮着美联储一起印美钞，美联储想必应该很乐意。可是这可能吗？显然是荒谬的。再者，既然QE能使美国经济复苏，那为什么要停止呢？至少要到美国经济走向繁荣时才考虑是否要停止QE吧。

多数人认为美国经济已经复苏的理由就是看频频降低的非农就业人口失业率（该数据来自于美国劳工部在每月初发布的非农就业报告）。事实上，光看非农数据早已不能全面认识美国经济的情况了。附图6显示的是美国1978—2014年，总共36年的适龄人口劳动参与率的变化趋势，数据同样取自于美国劳工部。所谓适龄人口劳动参与率，是指实际参加工作的适龄人口数量与适龄工作人口总数的比值。从附图6中可以看到，美国的适龄人口劳动参与率已经跌到了历史低点，美国的经济好在哪里？只看靓丽的非农数据，而罔顾不断降低的劳动参与率，则有失偏颇。

注：横轴表示年份，纵轴表示劳动参与率（Labor Force Participation Rate）。
资料来源：U. S. Labor Department（美国劳工部）。

附图6　美国1978—2014的适龄人口劳动参与率

美联储停止QE还有一个重要原因，即美联储的官员们其实已经意识到，在QE的"疗效"下，美元作为全世界最重要的国际储备货币，其地位正在江河日下，如果继续放任QE，美元会迅速下野。对于美国这样一个依靠美元攫取全球资源的国家来讲，这时候让美元下野等于是自废武功。美联储的QE政策自实行到停止经过了6年时间（2008—2014年），这是人类历史上规模最大的一次货币宽松政策,由此让很多其他国家的政府和央行对美元币值的信心产生了动摇。从各大财经媒体上我们可以很明显地看到,自 2009 年起,国际商品贸易的结算正在以史无前例的速度绕开美元,许多国家抛弃了一部分美元储备转而签订了货币互换合约,中俄两大国着手准备建立新的国际支付清算系统,等等。这些事件的发生对美元的根基都有着致命的影响,一旦局面失控,整个美元体系将面临瓦解。所以,美联储的官员们不得不选择停止 QE。

但是,停止 QE,就无法造成美债被强烈需求的局面,从而无法压低中长期利率。真是按下葫芦又起了瓢。其实,压低利率是美联储的首要任务,因为这关系到整个债务货币系统的存续时间。为此,美国不惜制造地缘政治紧张局势,2013~2015 年发生的伊朗核危机、乌克兰危机、叙利亚危机、ISIS 动乱、美俄能源战等,事件的背后都可以看到美国的影子;而正是这些危机局势将大量资金从金融市场中震出来,涌向美债寻求避险,或者直接持有美元,美元指数飙升;同时美联储再适时地推出升息预期,从而放大了美债的市场需求,实质压低了中长期利率,等效于实行了 QE。

附图 7 显示的是美联储在公开市场账户中(SOMA)持有的未来几年内即将到期的美债数量。从附图 7 中可以清楚地看到,2015 年美国联邦政府需要偿还的到期国债数量非常少。这就意味着 2015 年是美国政府还债压力最小的一年,因此,我们可以理解了,为什么从 2014 年下半年开始,美联储叫嚣着要升息?因为即便真的升息了,对联邦政府未来一年内的还债压力也几乎没有影响。

美联储在 2015 年底的加息动作其实不是为了经济,而是为了金融。我们先来看美联储当时是如何加息的:美联储先将联邦基金短期利率上调 0.25%(由 0—0.25% 升为 0.25%—0.5%),而后把超额准备金利率也同步

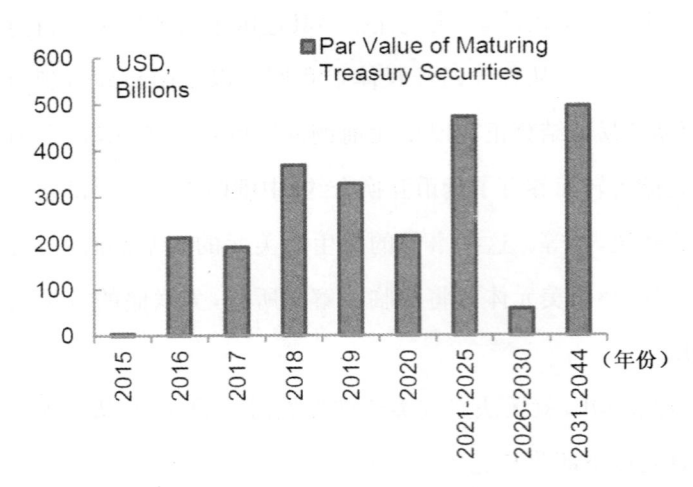

```
                  ■ Par Value of Maturing
 600  USD,          Treasury Securities
 500  Billions
 400
 300
 200
 100
   0
      2015 2016 2017 2018 2019 2020 2021-2025 2026-2030 2031-2044 (年份)
```

注：横轴表示年份，纵轴表示到期的美国国债票面金额（Par Value of Maturing Treasury Securities），单位：10亿美元（USD, Billion）。

资料来源：Scotiabank（加拿大丰业银行）。

附图7　美联储SOMA中持有的未来几年内即将到期的美债数量

上调0.25%（由0.25%升为0.5%），两者之间的利差与原先相比保持不变，同时还推出了隔夜逆回购工具。美联储这样做的目的有两个：一是用这种利差锁住那笔高达3万亿美元的商业银行超额准备金（基础货币），不做信用扩张；二是用隔夜逆回购工具将美联储SOMA账户中持有的国债推给货币市场基金，这样就可以缓解高质量、高流动性资产的短缺，以此挽救债券回购市场。关于隔夜逆回购工具的运作原理，可以参考华尔街见闻网站的一篇文章《美联储崭露头角的秘密武器——隔夜逆回购工具》（链接地址 http://wallstreetcn.com/node/54238）。利率的上调，会导致联邦政府借新还旧成本的提高，而利滚利的债务余额会加速猛增，这点耶伦不会不明白，但为了金融系统的不出意外，耶伦只好牺牲一下经济。所以，这次加息不是为了经济而是为了金融，甚至可以说，为了金融而牺牲经济。

美联储在未来也许会将利率再象征性地提高一点（这种事件发生的概率

很低），但绝不会升很多，长期利率如果升到3.0%那简直可以说是已经升到天花板上了（2015年美债整体利率大约在1.5%，而国债利息支付却占到了这一年财政收入的9%左右），利率的升降对美国联邦政府的还债承受程度有着至关重要的影响。而且，未来即便美联储真会上调利率，也一定会同步上调超额存款准备金利率，以保持两者利差不变，锁住商业银行的超额准备金。美联储此举目的就是禁止作为基础货币的超额准备金放贷出去形成信用扩张。因为信用一旦扩张，通胀率就会上升，从而触发市场利率上行，影响国债利率，导致联邦政府融资成本上升，联邦政府的还债压力将会越来越大，国债利息支出占财政收入迅速提高，引发国债危机和美元危机。

2015年底美联储的那次升息动作很有可能是最后一次了，未来会选择再次启动QE。

Q13：谈到欧元时，你曾经有一个观点，认为"到时候除了英国以外，欧洲其他所有国家都会加入欧元区"。为什么英国不会加入欧元区？难道是英镑的问题？

A13：这个问题的解释需要牵涉欧洲的地缘政治。英国其实不想看到欧洲大陆的强大，而欧洲大陆主要由德法两国主导，但德法两国历来无法做到真正联盟，因此对英国来说，当德国整体实力强于法国时，英国会和法国达成战略盟友掣肘德国；反过来，当法国整体实力强于德国时，英国又会和德国达成盟友关系制约法国。这真应了英国第二次世界大战时期首相丘吉尔曾说过的一句话："我们没有永远的敌人，也没有永远的朋友，只有永远的利益"。

我对英镑最终的命运有两种预测：一是在新的国际货币确定之前，英镑一直作为主权国家货币独立存在；二是欧元合并美元形成"欧美元"之后，英镑再并入"欧美元"。

Q14：你的一篇文章《80后的未来养老危机》曾在2015年9月—2016年3月被各大财经媒体转载。在这篇文章中谈到，80后的上一代人只要一人有工作就可养活一家3口，再往上追溯一代人只要一人工作就可以养活全家5口人，但80后小夫妻两人即便都有工作，一家三口的日子也过得紧巴巴的，因此，不愿多生育。出现这种现象的原因会不会是这样：因为现在大家生活品质都提高了，同时可供选择的商品和服务也越来越多，因此消费支出大幅增加，不像30年前或50年前，整个国家社会的总财富都很少，可供消费的产品都非常贫乏，如果现在的小青年过着上一代人的生活水平，那生活成本就会下降很多，从而能养活二胎甚至三胎。如此，中国总人口岂不是自然就增加了，从而不会出现4—2—1家庭结构，最终80后也不会碰到养老危机？

A14：能有这样一种想法的错误根源在于：用的是时间纵向比较，而不是用时间横向比较。

我在那篇文章里提出这个现象时就曾指出了一个前提——以整个社会的收入中位数来看。这句话的含义就是：80后的上一代人只要一人工作就可以使一家3口人都过上当时的中等生活水平；再往上追溯一代人，就是80后的爷爷奶奶辈们，只要一人工作就可以使全家5口人都过上当时的中等生活水准；可到了80后这一代，在一对小夫妻两人都有工作的状态下，让一家3口人过上目前中等生活水平都显得力不从心。

注意到没有，我进行的比较在时间上都是横向的，而且这种比较必须是横向的。想不明白，可以反过来思考。如果纵向比较有意义的话，那么我们现代人就去和古代人比较吧，古代人在夏天连电扇都没有，更别说空调了。假如我们现代人以古代人的物质标准去生活，的确可以大幅降低生活成本，从而养活第二胎、第三胎，但这样做的最终目的竟然是为了增加全国劳动人口、渡过80后的未来养老危机！想想都觉得好笑吧。

我还要指出的是,大家有没有想过我为什么要以"整个社会的收入中位数"作为前提,而不是采用"整个社会的收入平均数"?原因很简单,在目前贫富差距加速拉大的情况下,中位数比平均数更能准确地反映整个社会中产阶级的收入水平。举个简单的例子大家就明白了:有 10 个人,其中一人的年收入是 100 万元,8 个人的年收入是 10 万元,剩下的最后一个人其年收入是 5 万元。那么,这 10 个人的平均年收入是 18.5 万元,而年收入中位数是 10 万元。请问,18.5 万元和 10 万元哪个数据更能反映中间阶层的年收入?

至于贫富差距加速拉大的根源,本书第四章中"货币制度是如何导致贫富差距的"中有详细论述。其实,那段论述中的原因反而更能说明:为什么随着时间的推移,中产阶级养活全家的生活成本在不断提高。

Q15:日本的国债余额与 GDP 的比值在全世界所有发达国家中是最高的,2015 年底达到了惊人的 260%。对此您怎么看?

A15:日本国债有几大特点:一是规模庞大,国债与 GDP 的比值居然有 260%,全世界独一无二;二是利率极低,10 年期国债收益率只有 1%左右,这意味着日本政府向你借 100 元,10 年后差不多还你 110 元;三是多数国债被国内百姓和国内机构持有,故国外对冲基金很难做空日本国债。

最近几年,日本财政年收入保持在 50 万亿日元左右,而国债规模如今却已上冲到 1 000万亿日元的级别,如果国债整体利率以 1%计算,每年仅国债利息支出一项就相当于财政收入的 20%。政府缺钱,怎么办?只有举债度日,发行新债。由于目前日本储蓄率已经降到了历史最低点,国债收益率又超低,日元又不是国际主要储备货币,因此新增的国债只能由自家的日本央行买进(日元版 QE,这其实就是安倍经济学的本质),即货币化财政赤字。这样下去的结局只有一种,政府财政收入中用于国债利息支出的占比逐渐地上升;到了某一个临界点,偿还债务的压力撑爆政府财政,日本国债泡沫破灭。

说起日本央行，还有一件事情值得一说：日本央行是一家上市公司！一个国家的中央银行竟然是一家上市公司！

Q16：网上总是在比较中美两国物价，同样的物品，美国的价格比中国便宜。为什么会出现这种现象？

A16：这个问题的完整回答，不但与货币制度有关，而且还要涉及收入分配制度。

美元是各国央行都需要的国际储备货币，美元又是国际贸易结算货币，因此美元可以在国际上购买绝大多数贸易商品。也就是说，美国只要印刷美元，就可以用这些花花绿绿的纸片换取全世界的资源。这样一来，全球的物质资源都涌向美国，而与此同时美元"流进"了其他国家央行的资产负债表中（"流进"两字之所以加引号，是因为美元的真实头寸没有离开过美国，详细论证见本书第三章"美元头寸从未离开过美国"中的内容），其他国家央行的资产负债表一扩张，就会引发该国货币的超发。因此，从整体来看，美国的物质资源多了，而其他国家的物质资源少了；要命的是，其他国家的本国货币在物质资源已经变少的情况下又产生了超发，所以，两国同样物品的价格表现为美国便宜。

实际上，我们细数中美两国的物价，发现除了美国的物价便宜之外，还有另外一个规律：凡是生活必需用品，两国物价差不多，美国的价格便宜不了多少；但是非生活必需品，两国的物价立刻拉开很大的距离，美国的价格是中国的1/3甚至更少。怎么回事？这就要牵涉到收入分配制度了。

我们来讨论以下两种收入分配制度。

一种分配方法：总共有100万元分配给10个人，其中1人分配到50万元，其他9人平均分配到5.5万元。

另一种分配方法：同样有100万元分配给10个人，其中1人分配到90

万元，其他 9 人平均分配到 1.1 万元。

好了，现在我们来分析一下，这两种分配方法会产生什么效果。

作为一个有生命的人，大家都要活下去，因此无论是富人还是中产阶级甚至穷人，都需要购买生活必需品，所以大家每个人都会把钱用于购买生活必需品。那么对于出售生活必需品的商家来讲，就会形成规模经济效应，产品价格自然会下降，比如某样必需品降到 1 000 元，如此使得每个人无论收入多少，都能负担得起；所以，在两种收入分配方法下，生活必需品的价格都趋于一致。

但是对于非生活必需品，情况就完全不同了。一般而言，比起生活必需品，非必需品的产品成本较高，假定是 2 万元，那么在第二种分配方法中，只有收入 90 万元的那一个人才能负担得起；由于只有一个人购买，而且对于非必需品，同一个人在单位时间内购买的次数不会频繁（比如每个季度购买一次），所以，卖家为了获取最低收益（假设每个季度收益达到 5 000 元才可使卖家生存下去），就必须把产品价格至少设定为 25 000 元。而在第一种分配方法中，由于 10 个人的收入都能负担得起，因此，卖家为了获取同样每个季度5 000 元的收益，可以把价格设定为 20 500 元。两者一比较，同样一件物品，价格 25 000 元比 20 500 元贵了几乎 1/4。所以，在两种收入分配方法下，非生活必需品的价格会有这么大差别。

不合理的收入分配制度反过来又会加重贫富差距的程度。其实在债务货币配合部分准备金制度这套金融体系下，上述第一种分配方法会逐渐演变成第二种分配方法，因为本书第四章"货币制度是如何导致贫富差距的"中已经分析过，在通货膨胀和债务偿还压力的影响下，整个社会的财富总是会从中产阶级流向富人阶层。货币制度影响分配制度，而分配制度又会影响经济运行的健康程度。

货币原本 ‖ *The Principle of Money*

Q17：本书第四章"源于债务的货币"中曾谈到，美国财政部发行面额为100美元的国债，美联储先"买进"，同时放出100美元基础货币，债券到期之后，财政部还本付息，货币消失，也就是还清债务，湮灭货币。这能否从会计上解释一下？

A17：实际上，美联储是不能直接向财政部购买国债的，财政部发行出来的国债一般都是由美国大型商业银行包销，之后，这些商业银行再将买进的国债出售给美联储（当然，也可以由美联储先向商业银行购买存量的国债，商业银行拿到货币之后再去购买财政部发行的新国债）。

国债从财政部到商业银行，再到美联储，整个过程中三者之间的会计科目变化是非常烦琐的。为便于讨论，我们把过程简化，等效为财政部直接将国债卖给美联储。

财政部在发行国债之前，其资产负债表没有任何变化，美联储亦如是。而后，当美联储买进财政部发行的国债的瞬间（假设国债共计1亿美元），美联储的资产负债表立刻发生了剧变：资产方增加1亿美元，负债方同时增加1亿美元，负债增加的这1亿元，就是美联储发行的基础货币，即以国债为抵押发行基础货币。

此时，财政部获得1亿美元的货币资金，其资产负债表也立马发生改变：负债方（发行国债）增加1亿美元，资产方（获得货币资金）增加1亿美元。财政部获得货币之后不会一直手握货币，必须存入银行。于是，这1亿美元的货币存入财政部开设在一家商业银行的账号中，形成该银行新增的1亿美元存款。当然，这家银行的资产负债表规模也立即扩张1亿美元（负债方和资产方同时增加1亿美元）。

接下来，我们分析一下，当美联储发行的这1亿美元基础货币分别为现钞和非现钞形式时，会有什么不同的效果。

根据 IMF《货币与金融统计手册》(2002 年版)的定义,基础货币的计算公式为:

基础货币＝M_P＋法定准备金＋超额准备金

其中,M_P 代表央行发行的所有现钞货币(包括流通于银行体系外的纸币 M_0、银行现金库存 M_S),法定准备金和超额准备金都是非现钞货币。

在上述例子中,假如美联储新发行的 1 亿美元全是现钞,则基础货币增加 1 亿美元,M_P 增加 1 亿美元,法定准备金和超额准备金保持不变。如果美联储新发行的 1 亿美元全是非现钞货币,则基础货币增加 1 亿美元,M_P 保持不变,法定准备金增加 1 000 万美元(假设存准率是 10%),超额准备金增加 9 000 万美元。

再来看国债到期时,财政部和美联储的资产负债表在会计上的变化。

如果财政部还债时选择全部都用现钞,那么当美联储收进 1 亿美元现钞的瞬间,负债方下"纸币发行"科目立刻减少 1 亿美元,由于国债到期并按时还款,资产方的"债权"科目减记 1 亿美元,资产负债表规模减少 1 亿美元。财政部还清债务,负债方减少 1 亿美元,资产方的"货币资金"科目减少 1 亿美元。同时,商业银行负债方的存款总额减少 1 亿美元,资产方的"库存现金"科目减少 1 亿美元。基础货币减少 1 亿美元,M_P 减少 1 亿美元,法定准备金和超额准备金保持不变。

如果财政部还债选择使用非现钞货币,情况分析起来有些复杂。

根据银行系统的流动性计算公式"银行系统流动性＝基础货币－法定存款准备金",由于财政部使用 1 亿美元非现钞货币还款,因此结合上面的公式,对外支付 1 亿美元只能动用超额准备金。

当美联储收进 1 亿美元非现钞货币的瞬间,负债方下"银行存款准备金"科目立刻减少 1 亿美元,由于国债到期并按时还款,资产方的"债权"科目减记1亿美元,资产负债表规模减少1亿美元。财政部还清债务,负债方减少1亿美元,资产方的"货币资金"科目减少1亿美元。商业银行负债方的存款总额减少1亿美元,资产方的"准备金"科目减少1亿美元。

在上述过程中,有一点要注意,当财政部对外支付1亿美元时,银行系统的超额准备金先减少1亿美元,与此同时,银行总存款也减少1亿美元,这样使得对外支付1亿美元的瞬间,法定准备金减少1 000万美元(假设法定存款准备金率是10%),但是,这1 000万美元法定准备金却立刻转变为超额准备金,即超额准备金在刚才减少1亿美元的情况下又增加了1 000万美元。因此,对于财政部使用非现钞货币还债这一情况,最后导致基础货币减少1亿美元,M_P保持不变,法定准备金减少1 000万美元,超额准备金减少9 000万美元(先减少1亿美元,再进来1 000万美元)。

财政部发行国债,美联储以国债作抵押发行基础货币,国债到期后,用抵押国债发行出来的货币偿还债务,国债偿清,货币湮灭,即债务产生货币,还清债务等于消灭货币。

有些喜欢寻根究底的读者可能还会问:国债到期时,为什么美联储收到财政部的还款货币时,会使得美联储的负债方减少、资产负债表规模减少?一般而言,无论企业还是个人,当收到货币时,其资产负债表规模都会增长的,但美联储收到货币怎么会反而缩小了呢?

这的确是个好问题。我们知道,商业银行每收到一笔存款,就会上缴一部分给中央银行作为存款准备金,表面上看是这样,但事实上,"上缴"两个字其实是要打引号的。因为商业银行并没有真的将存款放入中央银行的某个账户,而是,商业银行自己在资产负债表上开立一个专用账户,将存款准备金转入到该账户,只是该账户对中央银行而言是透明的,中央银行可以随时查看并监管该账户,就如同该账户开设在中央银行内部一样。中央银行资产负债表中"银行存款准备金"科目上的余额,说穿了,实际上是所有商业银行自身存款准备金专用账户的统计总值。我们平时说"上缴存款准备金至央行"这只是一个习惯性的说法,是为了便于分清基础货币、存款准备金、广义货币等概念。

很多财经媒体经常会用这样的语句——"由于各大商业银行不看好未来市场,对经济的复苏持悲观态度,因此没有将大量存款资金投放到实体经济,而是反存到中央银行稳吃超额存款准备金利息"。现在读者一旦明白了前面论述的存款准备金"上缴"原理,就会对财经媒体的这种说法感到哑然失笑。商业银行的存款根本就没有"反存至央行"这个步骤,银行不愿放贷的本质原因,是因为市场利率偏低,银行宁愿无风险地稳吃超额存款准备金的利息,而市场利率偏低的原因,正是央行在操纵利率、刻意压低利率。

我们现在再回过头来看看美国财政部还债这件事情。财政部用自己的货币存款对外支付1亿美元给美联储,由于对外支付涉及银行系统流动性,因此,其实就是直接对商业银行存款准备金账户减记1亿美元。所以从美联储角度看,其资产负债表上"银行存款准备金"科目同时表现为减少1亿美元。这样一来,之前说美联储收到财政部的还款,其中的"收到"两个字是要添加引号的。财政部的一次还债支付,使得商业银行和美联储两者的资产负债表同时等量减少。

Q18:央行发行纪念币回收了一部分现钞,是不是可以说对流动性有影响了?

A18:央行发行纪念币,的确可以回笼一部分现钞,但对于货币流动性的影响简直不值一提。纪念币数量一般不会很多,发行多了反而失去收藏价值。拿中国人民银行来讲,一般每年发行的各种纪念币总面值不会超过100亿元。由于民众换(购买)纪念币绝大多数用的是现钞,因此,我们用流通于

银行体系之外的 M_0 进行比较。截至 2016 年 6 月，M_0 是 6.3 万亿元，1 月份还曾达到 7.3 万亿元的峰值，从 63 000 亿元中抽走 100 亿元简直是沧海一粟，对流动性根本没有任何影响。这等于是说某人钱包里有 63 000 元现钞（630 张 100 元现钞），外面逛了一圈遗失了 1 张 100 元，他会在乎吗？会影响他购物吗？

既然说到 M_0 和流动性，那就仔细讨论一下。其实，M_0 在货币总量中的占比一直在下降，这说明民众越来越少使用现钞。

附表 1 显示的是人民币最近 10 年 M_0、M_S、M_P、M_2 之间的比值变化。M_0 是流通于银行体系之外的现钞，M_S 是银行的库存现钞，M_P 是中央银行发行的现钞，而且 $M_P=M_0+M_S$，M_2 是广义货币。

附表 1　　　　　　　　M_0、M_S、M_P、M_2 之间的比值变化

数据日期	M_0 数量(亿元)	M_S 数量(亿元)	M_P 数量(亿元)	M_2 数量(亿元)	M_0/M_2 (%)	M_S/M_2 (%)	M_P/M_2 (%)	M_0/M_P (%)
2001 年 12 月	15 688.80	1 179.91	16 868.71	158 301.92	9.9	0.75	10.7	93.0
2002 年 12 月	17 278.03	1 311.07	18 589.10	185 006.97	9.3	0.71	10.0	92.9
2003 年 12 月	19 745.99	1 494.49	21 240.48	221 222.82	8.9	0.68	9.6	93.0
2004 年 12 月	21 468.30	1 635.70	23 104.00	253 207.70	8.5	0.65	9.1	92.9
2005 年 12 月	24 031.67	1 822.30	25 853.97	298 755.67	8.0	0.61	8.7	93.0
2006 年 12 月	27 072.62	2 066.08	29 138.70	345 603.59	7.8	0.60	8.4	92.9
2007 年 12 月	30 375.23	2 596.35	32 971.58	403 442.21	7.5	0.64	8.2	92.1
2008 年 12 月	34 218.96	2 896.80	37 115.76	475 166.60	7.2	0.61	7.8	92.2
2009 年 12 月	38 245.97	3 309.83	41 555.80	606 225.01	6.3	0.55	6.9	92.0
2010 年 12 月	44 628.17	4 017.85	48 646.02	725 774.10	6.1	0.55	6.7	91.7
2011 年 12 月	50 748.46	5 101.61	55 850.07	851 590.90	6.0	0.60	6.6	90.9
2012 年 12 月	54 659.81	5 986.16	60 645.97	974 159.46	5.6	0.61	6.2	90.1
2013 年 12 月	58 659.81	6 406.46	64 980.90	1 106 524.98	5.3	0.58	5.9	90.1
2014 年 12 月	60 259.53	6 891.73	67 151.26	1 228 374.81	4.9	0.56	5.5	89.7
2015 年 12 月	63 216.58	6 669.34	69 885.92	1 392 278.75	4.5	0.48	5.0	90.5

从附表 1 中可以看到，M_0/M_2 之值一直呈下降态势，表明比起现金交

易,民众更习惯于使用刷卡支付、网上转账等形式;M_S/M_2 之值总体来说保持较稳定,这说明无论货币总量是多少,商业银行准备用于应付储户提现的现钞数量在货币总量中的占比基本保持不变;M_P/M_2 之值也一直处于下降的趋势,这表明广义货币的扩张速度高于央行的印钞速度;M_0/M_P 之值保持平稳,维持在 91% 左右,也就是说,无论央行发行的现钞有多少,总是大约有 91% 的现钞流通于银行体系之外。

Q19:可否这样认为:无所谓货币是否有双重所有权特性,也无所谓货币制度是否会产生通货膨胀,社会上有本事的人照样在大把大把地赚钱,他们的盈利程度远高于通胀率,只有那些没本事的人、不会投资的人、不会理财的人,才需忍受通胀之苦。对这种说法怎么看?

A19:这是一种纯粹功利主义的说法。其实功利本无对错之分,但是,在讲功利之前,必须要先讲伦理,在确立好一个正确的伦理观念之后,再来谈论功利。

通俗地说,那就是在讲效率之前,必须先谈论公平,尤其是当制定一套制度时,如果有方法能做到对所有人都公平,那就必须做到最大的公平;也可以这么讲,在财富分配领域,我们允许富人阶层的存在,但是富人的出现绝对不能以其他人变得贫困为代价,不能以其他人的财富受到损失为代价。

货币制度也一样,在我看来,货币制度分两种:不会产生通胀的制度和会产生通胀的制度。那么对最广大的民众来讲,会选择哪一种货币制度?当然是不会产生通胀的货币制度,谁愿意眼睁睁地看着自己的财富被通胀侵蚀掉。对少数富豪来讲,也许无所谓选择哪一种,因为富豪掌握着这个社会的资本和人脉,他们的行为决定了资金的流向,他们投资抗通胀的渠道远远多于普通民众;富豪们甚至反而更乐意选择会产生通胀的货币制度,因为通胀可以不为人知地将中产阶级的财富转移给富豪阶层。

货币原本 ‖ *The Principle of Money*

"富者恒富,穷者恒穷"的深层根源,不是因为中产阶级没本事投资理财,而是因为当今这套货币制度在设计上带有"癌症"基因。

如果货币的购买力不稳定,那么,货币的价值贮藏功能就被破坏,由此导致人们对货币的财富固化功能失去信心,进而不再信任货币;为了抵抗通货膨胀、保持财富原有的价值,人们将货币都投放出去,寻求所谓的高回报,而这反而加大了整个社会的投机气氛,形成经济乱象。

Q20:学习货币理论总感觉很难,从哪里入手比较好?需要注意什么?

A20:我发现很多人钻研货币理论都是先学习货币的发展史,当然这并没有什么不对,只是效率不太高。

其实我们钻研货币理论,先要明确钻研的目的是什么。在我看来,其目的很简单,那就是:搞清楚整个货币金融体系是如何运作的。要达到这个目的,可以从以下两个方面入手:

(1)存进银行的钱是属于储户的,还是属于银行的?

(2)每发行1元货币,货币发行者的资产负债表是如何变化的?

这两个问题可以说是全部货币理论中最基础、最根本的课题,但可惜的是,我们身边所有的经济学教材对此都没有任何论述。于是,我们只有自己去拓展新的理论。第一个问题中由于涉及"属于谁的(财产)",因此,需要我们去学习法律知识;第二个问题中由于涉及"资产负债表的变化",所以需要我们去学习会计知识。之所以称其为最基础、最根本,是因为这两个问题一旦弄明白了,那么有关货币的其他问题也会迎刃而解,比如什么是货币、发行货币的抵押品是什么(或者说,发行货币的准备品是什么)等等。

要立体地、全面地认识货币,我们只有综合法律、会计、经济学、人的行为逻辑等知识。当下许多货币理论著作的最大问题在于其仅仅包含了经济学知识,没有运用法律、会计等知识进行演绎,这只会在错误的道路上越走越远,对货币的认识也越来越模糊。如果你明白了这一点,那么以后当你听到主流经济学家说"货币是经济学领域中最具挑战性的话题"时,你就不会感到奇怪了。

附录二

一句话提个醒

我之所以写"一句话提个醒",是基于以下几点考虑:

第一,工作生活节奏如此快速的现代社会,人们都没有时间看书,那就看看这些内容简短而又鲜明的观点吧。

第二,一套理论的精髓往往可以用一句话两句话概括出来,剩下的就是论证,正所谓"大道至简"。

第三,尝试一种新的文体,寻求自我突破。

货币篇(一)

1. 如果扩张货币可以提振经济,那么,穷国的央行全力开动印钞机就可以使穷国变成富国。

2. 如果美联储的 QE 是一项伟大的政策,真的能使经济复苏,那为什么要停止,应该继续 QE、继续"伟大"下去,让经济走向繁荣。

3. 美联储印钞如果真能挽救美国经济,那么,中国央行帮着美联储一起印美钞,美联储应该很乐意。

4. 通货膨胀的定义很简单:通货在膨胀,这是一个主谓词组,即货币在膨胀、货币在扩张、货币在超发。

5. 经济变坏的时候，提出要扩张货币，那么经济变好的时候，应该是收缩货币，可事实是：无论经济好坏，货币供应量一直在扩张。

6. 如果扩张货币有益于经济，那么当假钞和真钞一样难以分辨时，印假钞与多印真钞有什么不同呢？

7. 五千年历史，有谁见过或记载过：当 A 国侵略 B 国时，A 国会掠夺 B 国的纸币？

8. 如果你想留一笔钱给下一代甚至下一代的下一代，你会选择纸币，还是会选择黄金？

9. 如果没有实体财货作背书的货币，那一定是不断贬值的货币，最终都会贬值为 0，结局就是进博物馆。

10. 钞票本身不是财富，如果钞票是财富，那么只要开动印钞机，我们的财富就会增多。这是极端荒谬的。

11. 印钞如果能救经济，那么央行只要给全国人民每人发一台印钞机，大家一起印钞，24 小时以后经济就会迅速繁荣了。

12. 我们这么爱 100 元钞票，不是因为这 100 元钞票可以吃可以喝，而是因为我们可以用这 100 元钞票到市场上换来商品和服务。因此，我们真正爱的是——更多的商品和服务。

13. 货币为什么要分成基础货币和广义货币？广义货币这个概念的本身其实就是货币正在超发的极好证明。

14. 如果货币的发行不需要付出成本（或者付出极小成本），那么这种货币在未来必将失去所有的价值。

15. 为什么需要研究货币呢？很简单，经济货币化的当下，任何经济活动都有货币的参与。因此，要正确理解经济的运行，一定要先弄清楚货币的运转法则；货币是经济的基石，货币出问题，则经济必然出问题。

16. 你向银行贷款100万元，经审核后，银行同意发放贷款，于是你账上多了100万元。注意，这个时候，整个社会上其他所有人的账上的钱都没有减少，也就是说，与发放贷款之前相比较，整个社会上的钱的总额多了100万元。贷款创造存款。

17. 你把钱存进银行之后，这笔钱是你的，还是银行的？或者这样问：你把钱存进银行，你是把这笔钱交给银行保管，还是把这笔钱借给银行？

18. 没有借贷，也就不存在利率。所谓贷款利率，就是银行把钱借给客户的利率；所谓存款利率，就是储户把钱借给银行的利率。

19. "存款"利息的存在，只能证明此款非"存"而是"借"，储户应该被称为"借户"。

20. 小时候我们都有这样一个习惯：把零碎钱放入储蓄罐。长大后，我们把钱存入了银行，成为我们的储蓄存款。都是储蓄，为什么储蓄罐里的储蓄没利息，而银行里的储蓄有利息？什么情况下才有利息？借贷！借贷和储蓄是两回事。

货币篇（二）

21. 最好的银行揽存广告：今年你在银行存入1分钱，假设利率是2%，经过2000年以后，你的第80代子孙可以从银行连本带利取出多少呢？（以25年为一代）是1 586万亿元！对，你没看错。那么存1万元，2000年以后，则可得15.86万亿亿元！为什么我们现在不是亿万富翁？只怪祖先没远见，只要在汉武帝时代往银行存入1分钱就行了。问题在于，那时也没有存款付利息的银行，现在有了，为了未来，大家抓紧。

22. "存"字代表什么意思？"存"指代存放、保存。但问题在于，为什么把钱"存"进去，就会有利息？有利息，这意味着什么？为什么以前的存款没有利息，而现代金融体系下的存款会有利息？存款有利息，如果这套制度可以持续下去，那么，只要时间足够长，每一个人都是亿万富翁！这个推论足以证明当今这套部分准备金制度结合债务货币的金融系统迟早会趋于崩溃。

23. 银行已经把储户的钱放贷出去了，可储户却依然可以把钱从银行中取出来，这取出来的钱是谁的？

24. 你把钱借出去，那么钱的所有权和使用权一并转让出去。如果只是转让钱的使用权，钱的所有权继续保留，那你为什么还会担心借钱者未来可能还不上钱？钱借出去，钱的所有权既然继续保留，那你为什么还要借钱者拿资产来作抵押？你都继续保留钱的所有权了，你还担心什么！

25. 既然银行最担心发生储户挤兑事件，那为什么银行还要向每位储户承诺储户可以随时来银行全额取款？

26. 根本没有必要把货币的类别分得那么细（M_0、M_1、M_2、M_3），货币只有两种：基础货币、非基础货币；非基础货币就是超发出来的货币。

27. 有两种货币可供你自由选择，一种货币的购买力不断在贬值，一种货币的购买力长期保持恒定，你选哪种？你作为接收方选哪种？你作为支付方选哪种？你作为储存方选哪种？

28. 许多物品的价格都一直在上涨，为什么电子数码产品的价格却总是在下降？很简单，因为电子产品的产能增长率高于货币供应增长率。

29. "通货膨胀"和"币值稳定"难以两全，这就如同既要偷工减料，又要保证质量。怎么可能？！

30. 货币总是以"元"为单位：1美元、1欧元、1日元、1元人民币，关键问题在于，"元"是怎么定义的？

31. 什么叫货币？我想"货币"这个中文词的发明者一定是理解货币本质的：有"货"又有"币"。"货"是指财货，以财货为抵押品发行"币"。这才是完整的货币含义。如今纯信用货币体系下，只有"币"，没有"货"，只是 currency，不是 money。

32. 货币，关系到这个星球上每一个人的财富，因此，货币这个玩意儿是必须要辨析清楚的，包括货币是怎么来的？货币是如何发行的？银行和货币之间是如何运转的？货币数量是如何增加或减少的？

33. 货币理论中最先需要搞清楚，发行货币的抵押品是什么？

34. 什么叫作货币的抵押品？通俗地说，就是你拿着货币走进货币发行当局的办公室，而后，你手中的这个货币能向货币的发行方兑换到什么，兑换出来的这个"什么"就是发行货币的抵押品。

35. 只有纸币才需要背书，因为纸币本身毫无价值，一张纸而已，什么时候见过黄金需要背书？恰恰相反，黄金用来作为纸币的背书，即，以黄金做抵押发行纸币。

36. 什么叫作部分准备金制度？顾名思义，用一部分储户的存款准备应对全部储户的提现（剩下的另一部分存款用于了银行放贷）。既然只是用一部分存款准备金应对全部储户的提现，所以银行最担心发生储户集中挤兑事件。

37. "部分准备"4个字本身就蕴含着不合理。为什么不是"全部准备"？也许有人会问：如果实行全部准备，那银行怎么放贷？其实应该想想：既然银行已经把大部分的储户存款拿出去放贷了，只是把剩余的小部分储户存款用于准备应对提现，那银行为什么还是敢于向所有储户承诺储户可以随时全额提现？

38. 存款准备金率是多少，就意味着银行可以应对多大程度的储户挤兑。

39. 货币只有唯一所有权。当有人声称,你钱包里的钱也属于他,你愿意吗?但你把钱存进银行后,同样是这笔钱,既可以随时被你取出来,又可以随时被银行用于放贷,这就出现了货币的双重所有权。

40. 如果你认为银行把你的钱用于放贷,只是行使了货币的使用权,那就是说,在你看来,货币的所有权和使用权可以分离。如果货币的所有权和使用权可以分离,那么当你收到 100 元时,你很有可能拥有的仅仅是这 100 元的使用权,你是否会担心这 100 元被真正的所有者索回?货币的所有权和使用权不可分离。

货币篇(三)

41. 把英镑和泰铢放在一起,人们总是会对着英镑说"这个钱很值钱",这句话光听,很容易理解,但写下来,就有疑问了,话中有两个"钱"字,分别代表什么意思呢?第一个"钱"是指这种货币,第二个"钱"其实是指购买力!因为,同样是 100 元,英镑的 100 元比泰铢的 100 元能行使大得多的购买力。因此,"钱"或者说"金钱"就是货币和购买力的统一,一种购买力不断下降的货币,就是不好的"钱"。

42. 美元、英镑、比索、马克、卢布、里拉……这些极具现代感的货币名称,其实本源含义都是一种重量单位。什么意思呢?比如,我们都知道千克是一种重量单位,1 千克=1 000 克;同样理解:1 英镑=1 磅,1 美元=1 盎司。所以,当货币成为一种固定商品的重量单位后,货币的购买力自然就稳定起来,因为,无论过去未来,你永远可以把货币兑换成等重量的这种固定商品。而在当下,货币的单位成了"元",那么民众永远只看到"元"前面的阿拉伯数字,忘却了"元"的本来含义。

43. 1万元去年可以买1万斤玉米,今年只能买8千斤玉米,你可以把原因归于炒家投机;1万元前年可以买1.2万斤玉米,今年只能买8千斤玉米,你可以把原因归于粮食歉收;1万元5年前可以买2万斤玉米,今年只能买8千斤玉米,你可以把原因归于人口增长快于粮食增长;1万元10年前可以买5万斤玉米,今年只能买8千斤玉米,而且每过一年,同样的货币能买到的玉米会逐渐减少,这是什么原因?你说是因为物价上涨,你怎么就不想想,是因为货币在贬值,所以物价在上涨。

44. 市场上原来有10亿元货币在流通,突然间,流通的货币总量增加了10亿元,则原来的每100元所具备的购买力现在却相当于原来的50元的购买力。注意,原来的100元数字还是现在的100元数字,但购买力却发生了变化,原来的这100元,其失去的购买力已经被转移到了新增的货币里。

45. 我们总能在财经报道上看到这样的字眼"今年经济增长7%,为配合经济增长,M_2(广义货币供应)增长率达到14%,全社会通货膨胀率(CPI)控制在2%"。这句话翻译过来就是:货币供应增长了14%,经济增长了7%,但是通货膨胀率(货币超发率)是2%。

46. 通货膨胀率=货币超发率=货币供应增长率-货币需求增长率=货币供应增长率-实际经济增长率=货币供应增长率-(名义经济增长率-全体商品价格增长率)。

47. 媒体总是谈50年以后、100年以后,整个世界因先进的技术会变得如何如何,那货币呢?每时每刻每个人接触的货币,在50年、100年以后会发生什么变化?关键是那时的货币发行制度有什么变化?

48. 对于货币这个领域,银行家的理解反而比经济学家更深刻,很多经济学家在这方面甚至还不如一些投资家。

49. 一个人可以不炒期货、可以不炒外汇、可以不炒股票、可以不理财不投资、可以不用信用卡,但是,他不可能不用货币;货币是最为重要、最为基础的财产,与每一个人的财富都休戚相关,所以我们必须把货币彻底研究清楚。

50. 印钞票或者说扩张货币供应真的有用,那为什么经济危机金融危机总是不断出现?

51. 2007 年,美国未还清的国债余额是 9 万亿美元,8 年后,翻了 1 倍多:19 万亿美元。这还是在低利率环境下,债务利滚利的速度很小,正常利率下呢? 宽松恒久远,QE 永流传;加息已死,有事烧纸。

52. 地球上的所有物种里,只有人类是需要货币的。为什么呢? 因为其他物种只要自己捕食吃饱了就行,而人类除了吃饱喝足以外还需要其他商品和服务。要得到这些其他商品和服务就需要进行交换,货币应运而生。所谓货币,就是这玩意儿必须被所有人自愿接受,大家都愿意以此交换各自所拥有的商品和服务。那么,这货币需要具备什么样的条件,才会被所有人自愿地接受呢? ——购买力稳定! 假使这货币能购买到的物品数量不断在减少,那么,在可以自由选择的状态下,你会接受吗? 即便你会接受,你支付出去,别人会接受吗?

53. 金融领域最需要改变的不是结算支付系统,而是货币发行制度。货币发行的关键点就是创造货币的依据是什么? 是依据发行人的信用,还是依据发行人实际拥有的财货,还是依据发行人电脑的芯片运算力或上网时长。

54. 货币领域,经常谈到"信用"两字。那么,何谓"信用"? 这里的"信用"是指:货币发行方保证发行出来的货币的购买力不下降(即:在时间上,不论过去现在还是未来,货币持有人向市场请求索取财富的数量都保持不变)。货币发行方假如能做到这一点,就是有"信用";反之,则是没"信用"。

55. 关于存款保险制度,大家有没有想过这样一个问题:你存进银行 60 万元,之后这家银行不幸破产,于是存款保险机构支付给你 50 万元,那么,失去的10万元去了哪里？

56. 比特币其实是这么一套系统：中本聪出了一道数学题，此题一共有2 100万个答案，因为算出这些答案需要一定的电脑运算力，所以我们要用到挖矿计算机；算出一个答案，就由比特币系统分配一枚比特币，并且用区块链技术进行全网广播；答案的计算一开始很容易，随着答案不断被计算出来，算出后续的答案越来越难。

57. 既然提到了区块链，那什么叫作区块链？其实就是各个区块的链接。

58. 那什么是区块？就是将一段时间内的所有比特币交易打包成一个数据块。所以，区块链就是所有时间内所有交易的数据集成，在比特币网络中，各节点之间都可复制这些数据；新增节点A将自身的区块链高度与存量节点B的区块链高度作比较，A复制AB之间的区块链高度差值，以求与全网同步。

59. 利息的本质在于：借出人放弃当下的物品，换取未来的物品，因此未来物品数量必须大于当下物品数量，借出人才愿意借贷。利息仅仅存在于借贷关系中，可是自部分准备金制度出现之后，"存款"竟然也有了利息！"存款"利息的存在，只能证明此款非"存"而是"借"。

60. 为什么说美国国债影响了全世界每一个人的财富？我们的货币来源于基础货币，基础货币源于央行的资产；在美元本位制下，相当一部分的央行资产都是美国国债，因此美债影响了全世界每一个人的财富。

货币篇（四）

61. 人们需要货币的原因就是为了能兑换到相应的财富。换句话说，货币就是兑换财富的凭证。由于人们手中的货币不是想立刻全部兑换成财富，因为有些财富目前不需要，那么没有兑换成财富的货币就势必要存储（储蓄）起来，以备后用。关键的问题就在这个存储的环节，存储之前这些货币能兑换 10 份财富，存储一段时间后发现，依然是这些货币却只能兑换 5 份财富，也就是说发生了通货膨胀，削弱了你存储的货币的购买力，剥夺了你原本应有的财富，即财富发生了转移。

62. 当投资行为热烈的时候，也正是通货膨胀肆虐的当口。通货膨胀一旦出笼，就如同猛虎下山，受侵蚀最大的就是储蓄存款。从这个意义上说，投资其实是为了抗击通胀的无奈之举。

63. 假如定存的年化收益率是 3%，大米价格一年的上涨幅度是 10%，那么对于定存储蓄者来讲，他的购买力相对于大米失去了 7%；如果全社会整体物价（包括房价）上涨 15%，那么储蓄者的货币整体购买力一年失去了 12%。

64. 在一套购买力稳定的货币系统下，人们既不会因为通胀而提前消费，也不会因为通缩而窖藏货币；货币购买力恒定，不会出现货币投机，人们精力不再分散，集中搞好实体经济。

65. 诚实的货币、稳定的货币是整个社会道德的奠基石，也是一种公平客观的社会契约，它奖勤惩懒、抑制投机、鼓励储蓄，在一个公平合理的环境中大家从事真实财富的创造。

66. 当货币发行速度超过经济增长速度的时候，每增发一单位的货币，就等于稀释了存量货币的购买力，每个存款者都遭受了损失。

67. 在不论及货币发行机制的前提下，仅仅讨论"货币是否中性"是不对的，至少是不完整的。很难想象，一个坏的货币系统会产生好的货币。货币的"好坏"标准关键要看购买力是否稳定，货币系统的"好坏"标准要看货币发行速度是否会超出实际经济增长速度。

68. 货币的价值源于抵押资产的质量。以现有劳动价值品为抵押（如黄金),没有问题;以未来劳动价值品为抵押(如国债),就要看国债和 GDP 的比值,比值越大,货币质量越差。

69. 为什么假币中,100 元假币多、10 元假币少？你只要想清楚这个问题,你就可以理解什么叫作铸币税？由此,你也可以理解为什么各国央行都要计划取消现金。

70. 在一套货币理论中,最关键的是要谈清楚：每发行 1 元货币,货币发行者的资产负债表是如何变化的？一套货币理论如果不讨论这个问题,那么其他问题无论谈论得多么详细,这套货币理论就是在隔靴搔痒、在回避关键问题,或者理论创建者根本就不知道货币理论的要害之处。

71. 假如出现一种新能源,那么势必会遇到一个问题：以什么货币结算？如何避免重蹈石油美元这种不公平的系统？因此,问题的症结还是回到如何设计一套新货币制度。当然,如果开发出免费自由使用的新能源,货币也就无法控制能源了。

72. 真要严格实行金本位,让金本位稳定运行下去,那么要满足：(1)对于活期存款,不是银行支付利息给储户,而是储户支付保管服务费给银行；(2)定期存款未到期则不可取出,如硬要强制取出,需要损失部分本金。对于这些要求,从来没有受过财商教育、金钱教育的民众一定会迷惑不解,民众反而不愿意实行原本可以保护他们财富的金本位。

73. 因此,对于"是否恢复金本位",假使举行世界范围的全民公投,结果可想而知：全世界继续保留央行、继续实行部分准备金制度,因为民众大多是短视的,他们不愿意失去原有的活期利息,而部分准备金制度反而是有利于富人集团,因为这个制度帮富不帮穷、将中产阶级和穷人的财富转移至富人。

74. M_2 广义货币不是全部由央行发行的,央行发行出来的货币只是广义货币中的一小部分！那么问题就来了,广义货币中的大部分是谁发行的？是怎么发行的？不断问下去，你就会了解整个货币制度的运作模式。

75. 货币，你若安好，便是晴天。

中央银行篇

1. 既然市场能给出一个最优的大米或薯片的供应量，那么，为什么不让市场来决定货币的供应量，而是让一个机构（中央银行）来决定呢？

2. 既然是市场化的经济，为什么货币的发行却被央行垄断？

3. 媒体总是在谈论通缩、或者通缩风险，但是，这几十年来，我们什么时候看到鸡蛋价格下降了？什么时候看到大米价格下降了？什么时候看到面条价格下降了？什么时候看到房价下降了？央行的统计报表里，货币的发行量明明在一直增长。

4. 什么才是最大的泡沫？房价？股价？都不对。一张100美元纸币的制造成本是0.1美元，但是世人却把它当成100美元来使用；美联储在键盘上敲打出1万亿美元的成本是0.01美元，但世人却可以把这串数字当成1万亿美元来使用。我想你已经知道了什么才是世上最大的泡沫！

5. 央行如果有能力把通胀率维持在3%，为什么就没有能力把通胀率维持在0%？

6. 中央银行其实是一个计划机构，而且是全世界最大的计划机构。为什么是计划机构呢？因为央行计划了货币的发行量、决定了利率水平。为什么是最大的计划机构呢？因为被央行计划的货币是每一个人的必需品，被央行决定的利率水平影响了每一个人的投资消费意愿。

7. 有一家企业，名为"中央企业"，这家企业的职能是保证所有企业不倒闭、不破产。那么请问：那些绝对不倒闭、不破产的企业会生产出优质的商品吗？这家中央企业在全世界每个国家都有一个共同的名称：中央银行。

8. 中央银行家才是这个星球的老板，只要他们愿意，开出一张支票就能创造出足够多的货币买下整个地球。

9. 中央银行的职能其实是矛盾的：既要控制通货膨胀，又要给银行注入流动性。翻译过来，用大白话说：既要控制货币不扩张，又要扩张货币。

10. 如果中央银行必须存在的话，那么其职能有且只有一条：盯紧货币的供应，不要扩张。

11. 央行如果什么都不干，或者干脆不存在，那么当下的经济会出现什么情况？一定是极其严重的金融危机。如此说来，央行的存在避免了金融危机？如果是这样，那么为什么会发生2008年金融危机？这就形成了循环论证。矛盾的根源在哪里？只有一种解释：央行的存在只是延缓了更严重的金融危机的发生时间。

12. 既然知道"央行相继开展QE和货币贬值"会打破经济链条的平衡，那就想办法使得央行无法QE（无法扩张基础货币）、无法货币贬值（无法降息降准）、无法操纵汇率（实行固定汇率）。如果这些真做到了，那意味着什么呢？——央行已经无需存在了。可真到了现实世界中，经济学家的解决方案却又反过来求助央行。

13. 造成金融危机的根源是什么？修正了没有？如果没有，金融危机一定会再次发生。央行的救市策略只是在延缓危机的爆发时间。

14. 货币总量中，除了央行实际印刷的纸币（包括硬币）之外，更多的是账户存款形式。

15. 央行总共印刷了多少纸币 M_P（money printed）？以商业银行为分界线，分成两部分：流通于银行外的纸币，俗称 M_0；存放于银行内的纸币，即商业银行的库存现金 M_S（money stocked）。$M_P = M_0 + M_S$。

16. 你从 ATM 机里取出 100 元，M_0 增加 100 元，M_S 减少 100 元，M_P 不变。

17. 货币中非纸币形式的货币总额是多少？等于：基础货币＋非基础货币－M_P。

18. 基础货币和非基础货币分别是多少？基础货币总额看央行资产负债表；非基础货币总额等于商业银行贷款总额。

19. 因为：基础货币＝M_0＋M_S＋法定准备金＋超额准备金。所以，在部分准备金制度情况下，取消现金，就是扩大准备金额度，使得银行更有能力进行信用扩张（广义货币扩张），加剧通胀。

20. 对于央行来说，发行出来的货币处在负债项下，可是对于民众和企业而言，央行发行出来的货币处在资产项下。也就是说，大众把央行的负债作为资产保存起来。在债务货币体系中，央行总是在用通胀稀释其负债，而民众总是想方设法抵抗通胀，两者是不可调和的矛盾。

21. 央行释放出来的基础货币一旦进入流通领域，通过货币乘数就会放大货币总量，从而稀释了货币的购买力；由于美元是全球储备货币，被他国央行持有，而他国央行根据储备货币发行本国货币，因此美元的 QE 等于稀释了全球所有货币的购买力。

22. "美联储资产购买计划"，这个表达方式非常具有迷惑色彩。购买资产，这需要钱啊，没钱怎么购买？钱哪里来？如果之前是有钱的，那这个钱在央行的资产负债表中处于哪里？QE 的实质就是：所谓"购买资产"，用的是无中生有放出来的基础货币；基础货币处在负债项下，对应着"购买"进来的资产。

23. 美联储 OT 的实质就是"质化宽松"，因为美元的发行抵押品由原来流动性较高的短期债券转变为流动性很差的长期债券，而长期债券的质量取决于未来的经济情况,但美国的未来经济情况不容乐观。美元将会变得越来越不稳定。

24. 美元可以说既强大又不稳定。美元的强大是指其支付结算能力,美元作为国际储备货币,走到哪里都会被接受,背后的实质还是美国的军事强权;美元的不稳定是指其购买力在100年来呈下降趋势,目前的美元购买力相当于1913年(美联储成立时)的4%。信用法币的最终结局就是进博物馆。

25. 港元的发行体制是美元本位制,即香港金管局得到1美元就发行7.8港元;澳门元的发行体制是港元本位制,即澳门金管局得到1港元就发行1.03澳门元。也就是说,港元是美元的派生品,而澳门元是美元的派生品的派生品。澳门元的抵押品是港元,港元的抵押品是美元,美元的抵押品是美国国债。

经济篇

1. 印钞票、印钞机、印钞厂,世人称他们为"印"家三兄弟,"印"家三兄弟的职能按照凯恩斯经济学派的说法就是为了挽救或提振经济。

2. 30年前要做万元户,现在万元是月薪。

3. 每次经济衰退了,在各大财经媒体上总是会出现"拉动消费可以提振经济"这种说法;如果消费不足真的造成了经济的衰退,那为什么在每一次经济萧条中零售消费行业总是最后下滑并且下滑幅度最小?

4. 什么叫萧条?那就是全部企业家都犯错,意味着过去所有企业家对今天的经济形势都预判错误。怎么会这样?一定是先前的某个市场信号误导了所有企业家。如果这个信号纯粹是市场自发形成的,这意味着市场错了;如果是市场错,那计划就是对的,如果是计划对,那为什么要放弃计划?所以,合理的解释只有一个:这个所谓的市场信号不是纯粹由市场形成的,其中存在干预的成分,这个信号就是由央行控制的利率。

5. 既然大家都知道"计划赶不上变化",那为什么还要实行计划经济?

6. 什么才是好的经济制度? 很简单,这套经济制度可以让人自愿地动起来(注意,一定要"自愿","动起来"包括身体动起来和头脑动起来)。那怎样才能让人自愿地动起来? 很简单,允许自由贸易的存在,以及保证私有财产不可侵犯。

7. 什么叫债转股? 就是原本作为债权人的银行变为企业的投资人,那么当这家企业出现破产需要债务清算时,原本作为债权人是有优先受偿权的,但现在变成了投资人,那么受偿顺序就要延后。也就是说,所谓债转股,就是债权人原本拥有的请求赔偿的权利级别降低了,相应地,企业的偿还压力减轻了。

8. 银行的债权源于其发放出去的贷款。其关键在于,银行是用储户的钱进行贷款的,因此银行和企业之间的债转股,本质上是储户原本拥有的请求赔偿的权利级别降低了,结局就是"最终化解这些烂账只能是央行多印钞票去稀释"。

9. 当下的主流经济学理论可以说是充满着谬论,为什么这么说? 一个很简单的逻辑:如果奉行的主流经济学理论是正确的,那为什么总是会不断出现经济危机、金融危机? 其实,说到底,不是我们的经济出了问题,而是经济学理论出了问题、出了危机。

10. 浮动汇率和固定汇率哪个好? 如果浮动汇率比固定汇率好,那为什么会有欧元?

11. 你要先赚到钱,才会产生对别人产品的需求。为什么这么说? 因为,假使你想要这件产品,但你没有能力支付(或者说无法购买),这不叫需求,叫需要。那如何先赚到钱？通过你的劳动产出商品和服务，并成功地出售，就是说，你产出的商品和服务也对应了别人的需求。为了满足自己的需求，你要产出供给满足别人的需求，这样供给侧和需求侧才会有效互动。

12. 你供给甲物品的目的是为了满足你对乙物品的需求。假如你没有产出供给，但你的需求却总是能得到满足，这是什么原因？只有一种可能，你掌握了印钞权。

13. A 获得货币需要通过劳动（指出售自己的自由和时间，或产出商品和服务），但 B 获得货币只需要按印钞键就可以，那么想想看，B 会与 A 分享这项权力吗？B 不但不会，B 反而会想出各种眼花缭乱的经济理论来掩盖真相，为其不断印钞（扩张货币）的行为正名。

14. 很多人把通缩定义为物价下跌，并认为通缩有害，因为通缩无法刺激经济增长。通缩是否真的有害？你得知道，我们需要更多钱的目的不是为了得到钱本身，而是为了得到更多的商品；既然本质目的是为了得到更多商品，那么，一旦发生商品价格降低，就可以使得原先同样数量的货币买到更多的商品，这样，人们的目的就达到了。所以，即便是用这些人所谓的通缩定义来看，通缩又有什么坏处呢？！

15. 我们又该如何降低商品价格呢？最需要先做到的一条是：别超发货币。货币只要不超发，那么在一个没有央行干预的自由市场中，就会形成符合市场的真实利率，而企业家会根据真实利率做出投资决策，从而正确配置经济资源，最优化财富产出，社会整体生产效率得以提升，财富增速加大，在不超发货币的前提下，商品价格自然降低，良性循环。

16. 很多学科的发展推动了文明的进步，让我们认识了宇宙和人类自身，经济学呢？经济学作为一门学科已经存在上百年了。所谓经济学，就是经邦济世之学，可是经济危机、金融危机依然不断，贫富差距越拉越大，全世界那么多经济学家,怎么就提不出一套解决问题的理论呢。

17. 目前,人民币:M_2货币总量140万亿元,商业银行体系总资产180万亿美元;美元:美国国债未还清总额19万亿美元,美国债务总额100万亿美元;全球未结清的金融衍生品名义总额1 000万亿美元。有一种数据叫天文数据,还有一种数据叫经济数据。

18. 增值的是地,贬值的是房。房价持续升高的原因只不过是因为:货币的贬值速度比房子的折旧速度还要快。

19. 堆积如山的债务、史无前例的负利率、全球范围的货币宽松、央行准备取消现钞……当下的经济环境,其实我们不应再说:如何投资;而应说:如何保护好自己的财富。

20. 什么叫负利率?先想一下,如果实行－100%利率会怎么样?此时,借钱等于送钱,这意味着没有人愿意借钱给别人了。没有人愿意把钱借出去,储蓄则无法转化为投资形成资本,企业家无法扩大生产提高效率,社会的财富创造能力衰竭。因此,负利率只会瓦解资本的形成。既然－100%的利率是错的,那－1%的利率又对在哪里?唯一的区别在于,－1%的利率只是在减缓资本被瓦解的速度,不像－100%的利率那样具有立竿见影的效果。

财商篇

1. 我们每时每刻都会用到金钱,但是,全世界无论在哪个国家,大家从小接受的都只是数学教育、语文教育,从来不接受金钱教育、财商教育,这难道不觉得很奇怪吗?

2. 什么叫财务自由?所谓财务自由,就是在你不工作、不干活的情况下,依然还能长期维持你现有的生活品质,实质就是由别人直接或间接为你工作,为你带来现金流。

3. 有人在花钱,必定有人在赚钱。

4. 所谓负债,就是不断地在损失你的现金流;所谓资产,就是不断地在为你带来现金流;所以,乱花钱的习惯是一项隐性负债,而销售的能力则是一项隐性资产。

5. 投资,最需要先投资的是自己的头脑。

6. 你想的是人家的利息,人家想的却是你的本金。

7. 债务是刚性的,资产价格是弹性的,什么意思呢?比如:总价1000万元的房子,首付300万元,贷款700万元,当房价从1000万元跌到700万元、600万元,甚至更低时,记住,你所背负的债务依然还是700万元,而这时资产价格已经低于债务总额!假如首付也是靠融资得来的,那这时候就是悲惨世界了。

8. 假使外星人来地球,会掠夺什么资源?一定是人类这种经过了几十亿年才衍化出来的稀有智能生物,而不是水、石油、金属。因为外星人既然有星际航行的技术,那么在太空中找到这些资源简直轻而易举。劳动人口资源才是真正的经济资源。

9. 与其说"人口",不如说"人手"。

10. 财富有两种含义:对整个社会而言,财富是指有价商品和服务;对个人而言,财富是指你的自由和时间。你通过出售自己的自由和时间(最典型的是上班),从而获得一份货币收入,再用这份货币收入到市场上去交换获得商品和服务。

11. 人类所有的经济活动就两件事:创造财富、分配财富;而金融是不会创造财富的,只会分配财富。因此,什么叫金融创新?就是改变原有财富分配方式的创新称为金融创新。

12. 部分准备金制度是金融创新，1971年8月美元与黄金脱钩是金融创新，其他的所谓金融创新其实都是用科技手段降低金融机构的运营成本。

13. 部分准备金制度、美元与黄金脱钩可以说是最大的金融创新，因为这两种制度在全世界范围内改变了原有的财富分配法则。

14. 你为什么总是喜欢投资？因为你担心你的钱被通胀侵蚀，那你为什么不去思考通货膨胀是怎么来的？

15. 假设全社会的财富增长率是10%，即平均每个人的财富增长率是10%，但少数富人的财富增长率是15%，则必然意味着其他多数人的财富增长率由原本应有的10%降低到8%甚至更低，富人的财富增长得越快，其他人的财富增长率也许是负数。

16. 我们只知道可以用钱消费、投资、理财，但从来不去追问：钱从哪里来？学会问，是认识这个世界的原动力，彻底搞懂之后形成你的学问，所以，"学问"就是学会问。

17. 如果破窗理论是正确的，那么战争就应该被鼓励，发动战争的人就应该被赞扬。

18. 如果消费能够拉动经济，那么浪费就可以使经济走向繁荣。

19. 降低利率如果是为了挽救经济，那么调高利率就是在破坏经济。

20. 每次经济增长缓慢了，为什么只会想到降准降息，怎么就不想想降税呢？

股票篇

1. 先别想着怎样在股市中赢钱，而是先搞清楚怎么样不输钱。

2. 股市大跌，大骂证监会；那么股市大涨，应该感谢证监会。在股市上涨时,有没有股民感谢过证监会?

3. 手里的股票涨了,因为自己是股神;手里的股票跌了,因为证监会办事不力。——很多股民的逻辑

4. 很多财经媒体总是发文推荐买股,可是,同样这些财经媒体,却很少发文推荐卖股。

5. 股市虐我千百遍,我待股市如初恋。——股灾前后的股民心态

6. 加杠杆有多欢乐,去杠杆就有多痛苦。

7. 如果你爱一个人,就让他去股市吧,因为那里是天堂;如果你恨一个人,就让他去股市吧,因为那里是地狱。

8. 买股票怎么赚钱? 发行股票才赚钱,而且低风险高回报,这简直是对"高风险高回报"投资铁律的莫大讽刺。明白了这点,也就理解了什么叫圈钱。

9. 都在大骂证监会,而且喜欢在股市大跌时骂证监会不作为。既然知道证监会不作为,那么完全可以先骂证监会,一直骂到证监会有作为时再入市,不就行了吗?

10. 其实大家都知道也明明知道好多企业来股市是为了圈钱,也晓得"股市有风险入市需谨慎"这句提示,也了解股市某种意义上就是赌市,也看到了大多数股民都在赔钱。那么,在这样的情况下还入市,绝对是自愿的,一旦赔了钱能怪谁?

11. 什么叫大股东增持、股票回购? 大股东原先持有1 000万股,每股 10 元,总资产 1 亿元;之后股市大涨,股价涨到 100 元,大股东全部套现,得 10 亿元资金。接着,股市暴跌,几轮跌停板,股价跌回原价 10 元,大股东开始增持股票、回购股票,出手 1 亿元资金,买进 1 000万股。于是,大股东依旧持股 1 000万股,还有 9 亿元资金。股市不是创造财富的地方,而是转移财富的地方。

12. 由于发行股票能拿到钱，而人性的本质特点之一就是贪婪（另一个特点是恐惧），所以人们削尖脑袋去发行股票，但美其名是为了给企业融资。只要看穿了这一点，就不难理解为什么把融资称为"圈钱"。

13. 股市的总市值与股市中的资金多少其实根本没有关系，股市总市值哪怕有 100 万亿元，股市中的资金理论上最低可以只有 0 元。

14. 有一个现象很奇怪，股灾和通胀同样都损伤了我们的财富。我们对于股灾的原因往往穷追不舍，可是，对于通货膨胀的原因却很少追究，甚至很少关注。为什么呢？因为股灾造成的损失是账面上可见的，而通胀造成的购买力损失是隐性的。

人生篇

1. 整个社会的运作受控于两套规则，一套是人类心理情感的运行规律，另一套是金钱系统的运转法则。只要彻底理解这两套规则，世界在你面前将没有障碍。

2. 大凡世界上的事物都可以分成三个问题：是什么、为什么、怎么办；你只要搞清楚这三个问题，你就可以明白地活在这个世上。

3. 人分两种：改变世界的人；被世界改变的人。实质是：那些被世界改变的人，其实是被改变世界的人改变的，世界只是一个中介。

4. 你想成为一个什么样的人？面对这个问题，如果一下子无法回答，可以反过来思考：你愿意和一个什么样的人合作、交朋友？然后，把这样的人所拥有的特质写下来，对照一下自己，接着让自己拥有这些特质。于是，这便回答了一开始提出的问题。

5. 婚姻其实是一种双方的财务安排，说得再清楚一点，就是两个人甚至两个家庭的两张资产负债表合并成一张资产负债表。

6. 婚姻是一种人生的选择，而不是人生的必然；没有到了该结婚的年龄，只有到了该结婚的感觉。

7. 在当今贫富差距不断加速扩大的经济环境下，一个人如果还没有富裕就有了孩子，那么他的下半辈子就为这个孩子而活了。上一代人拼死拼活为了下一代，下一代人拼死拼活为了下一代的下一代，不断循环。每一代人总是把希望寄托于下一代，希望下一代改变整个家庭的命运，于是一代人希望下一代人……这个循环什么时候结束？不如从自我做起，改变思维、改变命运。

8. 当教师，要教师上岗证；当医师，要医师执照；当律师，要律师执照。父亲母亲，小孩子人生的启蒙者、成长的指导者，也就是说，抛开家庭伦理和血缘关系，父亲母亲其实是一种职业，而这种职业的功能是一个小孩子的人生启蒙和成长指导！那么可想而知，一旦启蒙错误或指导失误，将会影响一个小孩的一生，这种职业是多么的重要，可是，父亲母亲这种职业却从来不需要上岗培训！

9. 假如每一对夫妇(2个大人)都刚好生育2个孩子(即生育率为2)，则每一代人的人口总数保持不变；如果生育率低于2，则每过一代人的时间，人口总数下滑，并且老年人占人口总数比重越来越大。

10. 借贷无处不在，甚至包括我们的生命。如果说，我们的生命是从上帝那里借来的，那么死亡就是借贷时间的结束或借贷到期偿还。善待自己，借贷时间较长；否则，上帝会提前结束借贷。

11. 我们生命的利息就是我们的子女，随着借贷时间的延长，利息也在扩大，支付利息的压力(抚养子女)也越来越大，当然，无息贷款最轻松。

12. 如果人的信仰是上帝，那外星人的信仰是什么？如果上帝和外星人都存在,那么是上帝先找到外星人,还是外星人先找到上帝?

13. 我们通常说,"人需要多读书",于是很多人就理解为"要提高学历"。其实,根本就不是这样。中文词"读书"有两种概念:上学念书;博览群书。说"读书",关键是读什么样的书。

14. 人有行动,行动有目的,为达到目的而使用各种方法手段;当方法手段不符合一些人的价值观甚至揭露了他们的方法手段时,这些人就称其为阴谋。

15. 每个领域都有顶尖高手,看他们写的文章和书就犹如和他们促膝详谈一样。每当我们读到他们的文章或书时,除了体会那精彩绝伦的思想内容之外,更重要的是:要了解作者是如何思考问题的?作者在写的时候又在想些什么?作者这种思想的突破点在哪里?把他们的思想化为己有,让我们的内心强大起来。

其 他

1. 一套制度在设计时,假如秉持着人人都是好人圣人的理念,那绝不会设计出好的制度。

2. 大陆法是根据法条判案。随着法条的逐渐增多,法条之间就会出现矛盾,对于投机者就有了可趁之机;而且在金融领域,金融的更新速度远快于法条的更新速度,因此,金融犯罪总是走在法条的前面。

3. 其实TPP(跨太平洋伙伴关系协定)是专为大型跨国公司量身打造的一款贸易新规则:一旦有贸易纠纷,跨国公司提出的诉讼可以绕开主权所在国法律,直达国际贸易仲裁法庭。

4. 假如有限责任公司改成无限责任公司,会发生什么事情?估计到时所有的公司都会变得有序经营,因为债权可以无限追索至老板私有财产。(了解一下有限责任公司的起源,为什么叫有限责任?)

5. 因为:资产=负债+所有者权益,所以:所有者权益=资产一负债。数学上正确,但这并不容易理解资产负债表。负债是指企业的对外负债。所有者权益其实是指企业的对内负债,即企业作为一个法人对股东的负债。因此,总资产=总负债=对外负债+对内负债=负债+所有者权益。

6. 会计的复式记账法有借贷记账、增减记账、收付记账。会计的"借、贷"和通常说的"借贷"完全是两回事情!会计的"借、贷"只是一种记账符号,而通常说的"借贷"是一种经济关系——债权债务关系。所以绝不要混淆起来,其实用收付记账法更容易理解。可《会计准则》规定:企业一律采用借贷复式记账法。

7. 会计的记账规则是:有借必有贷、借贷必相等。这句话估计很多人都知道,但没学过会计的人都不太容易理解,原因正是在于会计的"借、贷"与通常说的"借贷"最容易混淆。其实,这个记账规则的说法只要稍微改一下就可以被所有人理解——有收必有付、收付必相等,表内两侧同扩或同缩。

8. A把10万元货币交给B保管,A与B的资产负债表规模和表内科目会不会出现变化?A把10万元货币借给B,A与B的资产负债表规模和表内科目会不会出现变化?想清楚以后,再来看:你把10万元货币存进银行,你与银行的资产负债表规模和表内科目会不会出现变化?

9. 财产的所有权可以细分为两种:经济意义上的所有权和社会(法律)意义上的所有权。两种所有权都可以声称"拥有",但前一种是"have",后一种是"should have"。什么意思呢?比如:A偷了B的1 000元,则A获得1 000元经济意义上的所有权,而B在失去1 000元经济意义上的所有权时,B依然拥有着1 000元社会意义上的所有权。就是说,这1 000元社会意义上的所有权属于B被法律承认。换而言之,一旦警察抓住A,A必须支付1 000元给B;当然,如果A已经把1 000元全部花完,A支付不出,对B来说只好将这1 000元从自己账上核销。感觉很复杂是不是?用会计来解读就很清楚:A偷了B的1 000元,于是B资产侧的货币资金科目减少1 000元,应收账款增加1 000元,最后,A被抓住但实在是付不出,即B的应收账款"应收"不到,只得核销,于是应收账款减少1 000元,同时所有者权益减少1 000元。

10. 注意,不要把"财产的所有权可以细分为两种"误解为"货币的所有权可以有双重性"。在上述过程中,这笔钱在经济意义上只属于B或A,在法律意义上只属于B,最后B因A的偷窃行为遭受两种所有权的灭失,因此,A将受到惩处(包括经济上的罚款和相关法律法规上的处分)。当下金融系统中的"货币双重所有权",不仅在经济意义上体现为双重(储户与银行双方都可以随时使用同一笔钱),在法律意义上也体现为双重(杂合了保管关系与借贷关系的存款合约,储户与银行双方都认为自己合法拥有同一笔钱)。矛盾由此而生,货币制度的基石于是不再稳定。

附录三

一场关于存款的争论

甲：你皮夹子里的钱属于你的，对吧。

乙：当然。

甲：如果有人说，你皮夹子里的钱也属于他，你愿意吗？

乙：怎么可能愿意！

甲：那就是说，一笔钱的所有权只有唯一的一重，不存在双重。

乙：对，的确应该如此。

甲：现在你把你皮夹子里的钱存进银行，你觉得这笔钱属于你，还是属于银行？

乙：让我先想想。

甲：至少不会同时属于你和银行，因为刚才已经说了，一笔钱只有唯一所有权。

乙：我认为，存进银行后，这笔钱依然属于我。

甲：说说理由。

乙：因为我没有感觉到失去了这笔钱，我随时可以把钱从银行中取出。

甲：钱存进银行后依然属于你，那说明你是把钱交予银行保管，是不是？

乙：对的。

附录三 ‖ 一场关于存款的争论

甲：既然银行保管你的钱，那么就应该是你支付保管服务费给银行，是不是？

乙：对的。

甲：那为什么在现实中，非但你不支付保管费，反而是银行支付给你利息？

乙：这说明什么？

甲：这说明你把钱存进银行后，不是把钱交予银行保管。

乙：不是保管，那是什么？

甲：是你把钱借给银行！

乙：啊？为什么？

甲：因为银行在支付利息给你啊！如果不存在借贷，哪里会出现利息？！

乙：这又说明了什么？

甲：你把钱借给银行，说明这笔钱已经是银行的了，不是你的了。

乙：啊？为什么这么说？

甲：你把钱借给我，那么在我把钱还给你之前，这笔钱你还能用吗？

乙：不能。

甲：我作为向你借钱的人，会主动向你承诺"即便借贷未到期，你也可以随时从我这里把钱取走，并且我还会支付部分利息"呢？

乙：不会。

甲：那就是说，在我把钱还给你之前，你的这笔钱是我的，你是不能动的。

乙：是不是可以这样理解，钱的所有权依然属于我，你只是拥有钱的使用权？

甲：那就是说，你认为，钱或者说货币的所有权和使用权可以分离？

乙：是的。

甲：如果可以分离，那么当你与别人作交易的时候，你作为收取货币之人势必要逐一调查交付货币之人是否具有货币的所有权；如交付货币之人仅有货币的使用权，则用于交易的这笔货币一旦被真正的所有者发现，就会发生无偿索回。如此，你作为收取货币之人的财产将遭受损害。显然，这是一种财产隐患。

乙：嗯，有道理，所以……

甲：所以，货币的所有权和使用权如果可以分离，就会出现交易一方有财产遭受损失的担心，这样会导致人人抵触用货币交易，使得货币的流通功能丧失，回到以物易物时代。因此，拥有货币之人，必须同时拥有货币的所有权和使用权，即货币的所有权和使用权必须合一，不可分离。

乙：因此……

甲：因此，当你把钱或者说货币借出去之后，在钱未还给你之前，就等于是把钱的所有权和使用权同时转让出去了。或者，我换一种说法：你把钱借出去，如果只是转让钱的使用权，钱的所有权继续保留在你这里，那你为什么还会担心借钱者未来还不上钱？钱借出去，钱的所有权既然继续保留，那你为什么还要借钱者拿资产作抵押？你都继续保留钱的所有权了，你还担心什么！所以，货币的所有权和使用权不可分离，货币一旦被借出去，货币的所有权和使用权一并转让。

乙：所以，你刚才说"你把钱借给银行，说明这笔钱已经是银行的了，不是你的了"。

甲：是的。

乙：但是，即便如你所说，我把钱存进银行，等于是把钱借给银行，钱已经属于银行了，可我总是觉得我没有把钱借给银行啊，也从没有感觉到失去这笔钱，这笔钱依然是属于我的，因为我随时可以把钱从银行中取出来啊，况且,银行也向所有储户承诺,储户可以随时来银行把钱全额取出。

甲:也就是说,你把钱存进银行后,这笔钱既是属于你的,又是属于银行的?

乙:有这么点意思,出现了双重所有权。

甲:可是你回忆一下,一开始我们就讨论过,"钱的所有权只有唯一的一重,不存在双重",也提到过,"至少不会同时属于你和银行,因为刚才已经说了,一笔钱只有唯一所有权"。

乙:嗯,也就是出现了矛盾。

甲:就是说,现实中的钱,一旦存进银行,出现了双重所有权。

乙:那这里面到底发生了什么?

甲:关键的一点在于——对于你皮夹子里的钱,你将其记账在你资产负债表资产方的货币资金科目下,当你把钱借给别人时,你的货币资金科目减少一笔,资产方的债权科目等量增加一笔;但是,当你把钱存进银行时(即借给银行),你的货币资金科目却没有发生任何变动!

乙:为什么会这样?

甲:原因在于,站在储户角度,储户认为储户和银行签订的是保管合约,因此储户以保管合约的方式记账,储户依然拥有存款的所有权;而站在银行角度,银行和储户签订的却是借贷合约,因此银行以借贷合约的方式记账,银行通过向储户借钱,获取了储户存款的所有权。正是这种不对称的会计记账方式,造成了货币的双重所有权。

乙:想不到平时熟悉得不能再熟悉的存款原来竟是如此陌生。

甲:对,熟悉又陌生的存款。

后　记

先来谈谈这本书的书名。我取"货币原本"4个字作书名的原因在于：我想按照《几何原本》的公理化体系论述货币理论。这对于当今的货币学来说，是一种新的理论架构。

再来谈谈这本书的内容。《货币原本》是我前一本书《被忽视的货币真相》的姐妹篇，两本书在逻辑上是完全自洽的。当然，我知道：人们不会因为书的内容逻辑是自洽的，于是就认同我书中的观点。事实上，任何观点或理论，总是有人肯定、有人反对。在我看来，观点有争议其实是好事。因为有争议，才会有思考；有思考，才会有突破；有突破，才会有发展，从而越来越接近真相。

我的前一本书自2014年9月问世以来，收到了许多读者的来信（通过我的微博或博客），其内容大多是关于货币的疑问。在时间许可的情况下，我力争做到对每一个提问都有回复。在回答读者提问的过程中，我发现自己对货币的认识又前进了一层，甚至有了新的看法。在这点上，我要感谢这些读者，因为是他们的提问让我在货币研究的道路上得以成长。我的这本新书《货币原本》正是对这些新认识和新想法的记录。

当今世界各国经济乱象，根源在哪里？这个问题不分析清楚，那么出台任何经济金融政策都只是治标不治本。经济的运行建筑在货币制度之上，没

后 记

有货币，社会就退回到"以物易物"时代，贸易无法进行，经济的发展更无从谈起；可即便有了货币，并不代表我们从此可以高枕无忧，因为货币自身存在的缺陷正是让经济不断产生问题的本源。

货币如果不稳定，那么用脚趾头都能想明白，建筑于货币之上的经济肯定也是不稳定的。货币的不稳定体现在哪里？抽象地说，是体现在价值的不稳定；通俗地讲，就是货币购买力的不稳定。

那么，是什么原因造成了货币购买力的不稳定？是通货膨胀，通胀削弱了货币的购买力。本来100元可以买100斤大米，可是一年后，同样100元却只能买80斤大米。这样，就没有人愿意储蓄，于是资金到处乱窜寻求所谓的高回报（其实是为了抵抗通胀），间接表现为经济乱象。

把问题再追溯下去，造成通货膨胀的原因是什么？是货币超发。那么，为什么会有货币的超发？货币超发的肇始者就是银行的部分准备金制度，而银行实行部分准备金制度的基础，源于货币的双重所有权。至此，我们已经到达了问题的底层。

货币的双重所有权特性简直可以说是一切经济乱象的根源中的根源。这颗毒瘤必须切除，否则经济将永远处在"繁荣—衰退—萧条—复苏"这个死循环之中。切除这颗毒瘤的方法其实非常容易，只要在会计上做一个调整就行：储户的存款不要列入银行的负债，而是列入银行的表外资产，即银行和储户的记账方式在会计上表现得对称一致。

真相有时候简单得令人感到难以置信。

董广宇

2016年10月于上海松江